VE GA NE AN DO

MÍRIAM FABÀ

VEGANEANDO

80 recetas fáciles,
saludables
y caprichosas

Grijalbo

Papel certificado por el Forest Stewardship Council®

MIXTO
Papel procedente de
fuentes responsables
FSC® C117695

Penguin
Random House
Grupo Editorial

Primera edición: mayo de 2021

Printed in Spain – Impreso en España

Fotografía de la página 204: Alberto Ayllon
Fotografía de la página 6: Animei Beat
Diseño de interior: David Ayuso/Penguin Random House Grupo Editorial
Maquetación y corrección: Ormobook, S.L.

ISBN: 978-84-17752-85-9
Depósito legal: B-4.884-2021

Impreso en EGEDSA
Sabadell (Barcelona)

DO 52859

Al iaio Jordi. Nadie luchaba como él para que no tardara tanto en comer, siempre la última; sufría pensando en que me despedirían del trabajo y decidió que me instalaría un motorcito bajo la mandíbula para que masticara más rápido. ¡No daría crédito al verme publicar un libro!

A la iaia Lita, de quien heredé el antojo de comer una porción de «tate tate» (chocolate negro) los domingos por la tarde después de comer en familia.

Al tiet Miquel. Le hubiese hecho mucha ilusión leer este libro ya que fue de las primeras personas en decirme que debería escribir uno.

A Carles. ¡Qué feliz sería preparando las recetas dulces de su «amiga pastelera»!

A Palmira. Superando obstáculos manteniendo la sonrisa, con serenidad y optimismo, con valentía y decisión, no es fácil, pero ella me demostró que es posible.

A todos los animales con los que he crecido, que tanto me han enseñado y enriquecido la vida.

Siempre os llevaré en mi corazón. Gracias.

ÍNDICE

PRÓLOGO

Míriam Fabà es una de las personas más optimistas que conozco. Trabajadora incansable, es un torrente de energía de la naturaleza. Su carácter se refleja en todo lo que hace: no solo hay mimo y cariño en sus platos, también hay una sonrisa de esas que son contagiosas.

Con ella siempre he sentido una conexión especial, incluso desde antes de conocerla en persona, porque es auténtica. Le apasiona lo que hace y perfecciona las preparaciones hasta que realmente cree que merecen llegar a nosotros, de ahí que nunca decepcione.

Veganeando es su aportación al movimiento vegano: una gran cantidad de recetas accesibles para que reducir el consumo de animales sea sorprendentemente fácil, rico y caprichoso, además de saludable. Con estos platos querer cuidarte acaba por ser una delicia y la única pregunta que te haces es: ¿qué voy a probar ahora?

Recuerdo con cariño que *Veganeando* fue una de las primeras cuentas que seguí sobre alimentación vegana en Instagram. Me impactaron mucho su forma de comunicar y de ser, me parecía increíble todo el contenido que compartía desinteresadamente. En aquella época, hace ya unos cuantos años, la comunicación era mucho más rudimentaria en redes, pero la personalidad alegre y arrolladora de la Lechu ya era más que evidente en todas sus publicaciones.

Míriam es una persona muy detallista, consciente de la importancia de formarse para dar un contenido de calidad. Sus recetas siempre salen y son tan ricas como se ven. De nada sirve la mejor foto y una suma desorbitada de «me gusta» si luego en casa todo se desmonta y nada sale bien.

Por eso creo que este libro puede ser de gran ayuda para llevar una alimentación vegetal sin renunciar al sabor ni a la sorpresa. Míriam se divierte como nadie en la cocina y quiere que tú también disfrutes descubriendo nuevos sabores y texturas.

Lo que aquí te vas a encontrar son platos de una cocina vegetal caprichosa, porque comer vegano no tiene por qué ser soso ni aburrido cuando tienes las recetas de la Lechu a mano.

Marta Martínez, autora de
Guía para el vegano (imperfecto)

MI HISTORIA Y ESTILO DE VIDA

En el colegio no se me daban muy bien las descripciones, que además se suelen quedar en la superficie. No es fácil explicar con detalle lo que vive o siente una persona, así que, si te parece bien, yo te cuento mi historia y tú ya, si eso, me adjudicas algunos adjetivos.

Vayamos al inicio de esta revolución. Cuando estaba en plena adolescencia, era una chica muy inquieta, con nervio, con ganas, con mundo interior, que decidió rebelarse contra todo lo que no le gustaba.

Lo cierto es que no fueron días fáciles ni plácidos. Tenía dentro un torbellino de emociones y sentimientos mal gestionados que no me dejaban estar en paz conmigo misma ni con mi entorno. Pasé por muchas fases: primero fui pija, luego *hippie*, luego emo... pero ninguna etiqueta me encajaba, no me sentía a gusto, me dejaba llevar por lo que hacía y decía esa comunidad en concreto. Lo cierto es que no me sentía realmente identificada ni mucho menos me reconocía ni me resonaba todo aquello.

Con el tiempo me di cuenta de que no me define una marca cara o barata, no me define mi *modus vivendi* ni tampoco el color de mi ropa o de pelo. Me definen mis sentimientos y emociones, me definen los pasos que doy y las acciones que llevo a cabo, me definen mi actitud y mi postura ante lo que veo a mi alrededor.

Fueron unos años complicados, no encontraba mi sitio y eso me producía frustración, mal humor, rabia e incluso odio. Por supuesto, mi alimentación no era la mejor del mundo y pagaba mis emociones negativas con ella, recurría habitualmente a ultraprocesados azucarados, a grasas hidrogenadas, snacks fritos y salados, al pan, la pasta y las patatas. No me apetecía nada lo que preparaban mi madre o mis abuelas, todo se me hacía bola.

Mi sistema inmunitario se vino abajo con tanto mal rollo y caí en una espiral de infecciones varias (otitis, cistitis, conjuntivitis...), incluso llegué a desarrollar un herpes zóster en el cuello. Todo eso me tuvo semanas en casa, apenas tenía ganas de hacer nada y mucho menos de estudiar... Llegaron el final de curso, las notas y tocó repetir curso.

No me vine abajo, decidí tomarme el verano como un punto y aparte en esa etapa tan oscura, disfruté mucho de las vacaciones con grandes dosis de vitamina D que me regalaba el sol mientras estaba en la playa o en la piscina pasando un buen rato con mis amigos y mi familia. Empecé a disfrutar de momentos de soledad en los que por primera vez me sentía a gusto, y mis pensamientos ya no eran tan destructivos.

Empecé a observar lo que me gustaba y lo que no, lo que me hacía sentir bien y lo que me hacía daño... Un día en pleno agosto, estaba comiendo con mis abuelos y viendo el capítulo de *Los Simpson* en el que Lisa se hace vegetariana, y de repente me vi reflejada en ella. Por la mañana había estado paseando y había ido a ver unas vacas que pastaban por el prado. Escuchando los argumentos de este personaje animado algo hizo «clic» en mi cabeza, aunque, a decir verdad, más que un clic fue un «¡hostia!: me estoy comiendo parte del animal con el que acabo de pasar un rato tan agradable». Me quedé anonadada y terminé de comer como pude.

Después salí al patio de mis abuelos, en Isona, a reflexionar, y me empezaron a venir imágenes de todos los animales con los que había convivido allí y con los que tengo recuerdos divertidos: conejos, cerdos, perdices, caracoles... Todos terminaban en mi plato.

También recordé las veces que los había escuchado chillar allí mismo mientras los mataban, los había visto despellejar, incluso yo misma, en una ocasión, había preparado butifarras en la matanza del cerdo de los vecinos. Cuando empecé a preguntar, me dijeron que siempre se ha hecho así, que los animales son para eso, que sin carne no se puede vivir... Si para todos era normal y estaba tan aceptado, ¿cómo no iba a serlo para mí? Nunca había hecho la conexión hasta ese día.

Obviamente en casa me dijeron que nada de hacerme vegetariana, que eso no era sano y que con la salud no se juega, incluso llegaron a pensar que igual eso escondía un trastorno de alimentación. No les culpo, es más, entiendo perfectamente su posición, ya que en aquel entonces había muy poca información sobre este tipo de alimentación y no tenía aval científico alguno.

Al volver a Barcelona, seguía con la idea de dejar el consumo de animales a un lado. No quería formar parte de esa cadena alimentaria que considero tan cruel, injusta e innecesaria. No quería contribuir al maltrato, a la explotación ni al asesinato de los animales.

Empecé a buscar información acerca del vegetarianismo y di con el documental *Earthlings*. Mi madre entró en la habitación y me vio llorando; al ver que estaban enseñando una granja de cerdos en muy malas condiciones y muy mal tratados, me dijo: «Míriam, no tienes que ver estas cosas», y se fue. Paré el documental, me sequé las lágrimas y me di cuenta de que esto de comer animales va de «ojos que no ven, corazón que no siente», pero yo ya lo había visto y me negaba a hacer como que no sabía nada.

Había encontrado algo que me daba fuerzas y ganas de seguir adelante, algo por lo que luchar. Se había despertado en mí un sentimiento muy fuerte que me nacía del corazón; había encontrado una causa que defender, unos seres vivos a los que proteger y tenía claro que iba a por ello.

Al ser todavía menor de edad y vivir con mis padres (además tenía un poco de anemia debido a la mala alimentación que llevaba hasta entonces) llegamos al acuerdo de que me comería un bocadillo de jamón los domingos por la noche y el resto de la semana me daban un voto de confianza para ver qué tal lo gestionaba y cómo se me daba. No te quiero ni contar lo que eran esos ratos, horas y horas sentada en el sofá delante de la tele, tragando a base de agua y casi con una barra de pan entera.

Estaba a tope con el foro vegetariano, era de lo poco que había en Internet en ese momento y me ayudó mucho a sentirme comprendida y acompañada. Recuerdo con especial cariño esa etapa pegada al ordenador y a los hilos y chats con personas afines, con las que compartía la misma inquietud. Fueron mi red de apoyo.

Con el paso del tiempo me sentía cada vez mejor, volvía a ser la Míriam alegre que una vez había sido y, aunque mi alimentación seguía sin ser óptima, mi salud también había mejorado mucho y en mi entorno ya empezaban a curiosear con la alimentación vegetariana. Así que decidí abrir un blog de cocina, no entraban más que mis amigos y la familia, pero yo seguía compartiendo fotos de mis recetas.

Al empezar la universidad, apareció un nuevo *input*: conocí al único chico vegetariano de clase, que justo se sentaba delante de mí. Estuvimos saliendo unos años y compartir mi visión con él me ayudó a reafirmar mis ideales y convicciones.

Aprovechando un verano, me fui a trabajar a Dublín y me puse fina a base de queso cheddar y pasta rellena de espinacas y ricotta. Volví muy saturada de lácteos, abusé muchísimo de ellos hasta que mi cuerpo dijo basta. También regresé a casa con 6 kilos de más y una gripe fuerte, así que decidí contratar a una dietista para que me ayudara, de una vez por todas, a encaminar mi alimentación y mi salud.

Por aquel entonces seguía comiendo algún huevo de tanto en tanto, pero conocí la crueldad que hay detrás de las gallinas ponedoras, la selección de sexos y el triturado vivo de los pollitos (sean o no sean ecológicos pasan por el mismo proceso), y no me sentí a gusto con ello. Entonces empecé a probar alternativas como la harina de garbanzo y los huevos de lino, y así fue como dejé el consumo de huevos, el único ingrediente de origen animal que me faltaba por desterrar de mi alimentación. Ahí empezó mi camino como vegana, como persona que busca causar el mínimo impacto negativo en los animales y también en el medio ambiente.

Por supuesto, no me quedé exclusivamente en el tema comida y bebida, fui más allá y cambié mis productos de higiene por otros libres de crueldad, también doné la ropa, el calzado y los complementos que tenía de cuero y lana, y empecé a comprar de segunda mano, apoyando marcas éticas y sostenibles...

Al mismo tiempo, fui agregando a mi alimentación ingredientes frescos que antes brillaban por su ausencia: ensaladas variadas, hojas verdes, verduras crudas y salteadas, legumbres y mi amado tofu. También empecé a cuidarme más llevando un estilo de vida activo, haciendo deporte y caminando todo lo posible. Así fue como inicié mi cambio hacia un consumo consciente y sostenible, comprando ingredientes y productos en su mayoría de proximidad, de temporada y ecológicos. Desde entonces, he procurado usar el mínimo plástico posible y desterrar los envases de un solo uso, me he pasado a la copa menstrual y a las botellas, tazas, cubiertos y pajitas reutilizables. En definitiva, he tratado (y trato) de reducir mi huella de carbono todo lo posible, sin agobios ni obsesiones.

A pesar de estar mucho mejor física y anímicamente, me faltaba quitarme de encima la irritación que me producía ver a las personas de mi alrededor seguir comiendo animales como si nada pasara. Me generaba mucha frustración y malestar que no hicieran la conexión que yo había hecho, que no le dieran la importancia que tiene. Entonces, para desfogarme, me dedicaba a amargarles la comida, les hacía sentir mal por comer animales, les quería hacer reflexionar de mala manera, procuraba que se sintieran culpables.

Como te puedes imaginar, eso no servía de nada, yo no me sentía mejor, ellos no se paraban a pensarlo ni daban pasos hacia el cambio. Más bien al contrario, todo eso generaba discusiones, agobio y agotamiento por ambas partes.

Por aquel entonces estaba terminando la carrera de Criminología y estaba ahorrando para dedicarme a estudiar las oposiciones de funcionaria de prisiones. Al mismo tiempo, seguía con mi humilde blog medio abandonado y el foro, pero necesitaba dar un paso más. Con el auge de las redes sociales estuve unos días dando vueltas a la idea de crearme un canal de YouTube, además de Instagram, Facebook y Twitter.

Así fue como el 12 de febrero de 2014 nació *Veganeando.* Estaba cenando con mi familia cuando les planteé el salto de blog cutre a un proyecto con pies y cabeza dedicado a difundir mi estilo de vida mediante recetas veganas. A la vez eso me serviría como vía de escape entre tanto estudio y entrenamiento para sacar las oposiciones. Hicimos una lluvia de ideas y mi madre propuso este nombre ya que, al ser gerundio, le da continuidad y movimiento. También necesitaba un nombre para la posible comunidad, uno con el que hacernos sentir parte de todo, y entre tomatitos y pimientitos por parte de mi padre, mi hermana dijo escarolas (así me llamaban en el cole, además de

oveja, arbusto y bruja...) y añadió lechugas, yo pasé al diminutivo lechuguitas ¡y me enamoré perdidamente! No podía encajarme más; por otra parte, a los veganos siempre se nos ha dicho que solo comemos eso, ¿no? ¡Pues toma lechuga!

A los pocos meses y ya viviendo en Madrid, por sorpresa y sin previo aviso, vi que mi huerto de lechus empezaba a crecer y me pedía más y más contenido, que las empresas me contactaban para trabajar conmigo, querían que impartiese talleres y *showcookings...*

Ese *hobby* le había robado mucho tiempo a las oposiciones, pero yo no era consciente. Recuerdo el día en que mi pareja de entonces me pilló «estudiando» con una revista de cocina entre el libro de la parte general, se echó a reír y luego me sentó a hablar, ya que él sí se había percatado de lo que estaba sucediendo.

Me hizo reflexionar mucho y me di cuenta de que mis actos no estaban en sintonía con mi corazón, sentí que no estaba haciendo lo que de verdad quería hacer en ese momento. Fue entonces cuando me vino a la mente una frase que siempre repito en las entrevistas, ya que fue la clave de mi segundo gran clic: «La oposición puede esperar, me puedo presentar más adelante; el momento de *Veganeando* es ahora».

Así es como empezó mi andadura a tiempo completo como emprendedora, autónoma, estudiante, profesora, chef, fotógrafa, editora, creadora de contenido, *youtuber*, *influencer*... y un sinfín de palabras más que caracterizan mi trabajo.

Invertí mis ahorros en equipar la cocina, en crear una web chula y sobre todo en formación, tanto de cocina vegana y crudivegana como de nutrición, alta gastronomía y cocina de calle, de diferentes culturas, disciplinas y de distintos profesionales, para tener un punto de vista más amplio y así poder crear mi propia línea, la que mejor encaja conmigo.

De todo eso nació el eslogan «Cocina vegana fácil, saludable y caprichosa».

Lo cuento al inicio de todos mis eventos: tengo muchas misiones en esta vida y una de ellas es transformar el significado de la palabra *capricho*; la entendemos como una porción de algo dulce o salado que se nos ha antojado y que no suele ser saludable; es más, somos conscientes de que no lo es y de que no nos hace bien, pero nos la comemos igualmente y, aún peor, después nos sentimos mal por haberla comido.

Lo que yo interpreto por un bocado caprichoso incluye tanto recetas dulces como saladas, va desde una sopa o una crema hasta un brownie con helado de vainilla. Lo que busco es un plato que me apetezca comer, que me nutra en cuerpo y alma, que me sacie, que me haga sentir satisfecha y bien alimentada, un poco lo que sería el *comfort food* como lo entiendo y promuevo hoy en día. Claro está que las recetas dulces son para ocasiones especiales y siempre dentro de una alimentación variada y equilibrada, pero eso es de sentido común.

Los años fueron pasando y tanto *Veganeando* como yo hemos tenido altibajos. Hace unos años, inmersa en una crisis personal, estuve a punto de abandonar, de dejarlo todo, pero me quedaba un poquito de esperanza y decidí seguir adelante con el proyecto y presentar mi propia escuela de cocina *online* con un curso muy completo. Seguí preparándolo todo y entonces fue cuando, como por arte de magia, se formó el «Lechuequipo», un grupo de personas extraordinarias que no solo me ayudaron a sacar adelante ese proyecto, sino que se quedaron para llevar juntos *Veganeando* a otro nivel. Además, personalmente me renovaron la ilusión y las ganas de seguir.

El lanzamiento fue un exitazo, me fue muy bien a nivel laboral, pero yo tenía el corazón encogido. Me mudé de nuevo a Barcelona y dejé a seres muy queridos en Madrid que afortunadamente siguen en mi vida a día de hoy. Eso hacía que la pena fuese más llevadera, pero necesitaba parar un tiempo y, por supuesto, eso afectó al negocio, que se vino abajo conmigo.

En consecuencia, hubo que hacer muchos cambios y ajustes, sobre todo de puertas hacia dentro. Fueron meses duros, de mucho esfuerzo, de dedicación sobrepasada, de constancia con y sin ganas, de aislamiento. Todo eso supuso un gran crecimiento personal, muchas lecciones aprendidas aprovechando cada paso dado. Fue una etapa de sembrar semillas deseando que algún día dieran sus frutos. Y lo cierto es que no tardaron en llegar. Recibir el email de Irene, mi editora, proponiéndome este libro fue uno de los primeros. Su publicación es un sueño hecho realidad.

Hoy veo un presente y un futuro con mucha luz, la Míriam que soy actualmente es una adulta (a ratos), que dedica gran parte de su vida a promover el veganismo, el estilo de vida que me salvó. Mi mayor motivación es inspirar, animar, motivar al cambio, facilitarlo... y lo hago desde el amor. Aquellos sentimientos negativos desaparecieron, los transformé, los enfoqué en positivo, ¡y vaya cómo son las cosas! Al compartir desde el ejemplo, desde la experiencia, es cuando más personas se han acercado, se han animado a probar, a descubrir la verdad oculta tras los muros. Esto no va de una etiqueta que te molesta o te pesa, esto va de un problema real, esto va de cambiar el mundo.

Y por si fuese poco, ya no estoy sola, ahora tengo a mi alrededor una familia y unos amigos que no solo me comprenden y respetan, sino que muchos de ellos han dado el paso, han empatizado, han entendido la necesidad y la urgencia de mirar más allá de su propio ombligo.

Además, cuento con todo el amor y cariño que recibo a diario de mis lechus. Si algún día estoy de bajón o me cuesta sacar adelante el trabajo y necesito un empujón, es tan fácil como hacer un *story* contando la situación y a la que vuelvo a entrar en la *app* tengo decenas de mensajes de ánimo y apoyo. Tengo una comunidad que es un regalo caído del cielo, ¿cómo no voy a ir a por todo teniendo a mis lechus al lado?

Como conclusión final y sin presión, me gustaría que te quedaras con la sensación de que se puede, de que es viable y factible un cambio de alimentación, de estilo de vida y de enfoque global. Más vale tarde que nunca, aunque el tiempo apremia, ya que el planeta no está para aguantar el despilfarro muchos años más.

Piensa que, si yo pude cambiar hace ya unos 15 años, cuando apenas había información y era un drama y un robo comprar tofu, que a duras penas se encontraba en algún herbolario, cuando ser vegetariana era cosa de *hippies,* ahora que lo encuentras hasta en la tienda pequeña del barrio, ahora que hay infinidad de bebidas vegetales, de alternativas a la carne y al pescado con formas y sabores muy diversos, algunas más saludables que otras, ahora que hay pastas de legumbres, alternativas al queso espectaculares, tanto caseras como compradas, sustitutos del huevo...

Ahora es el mejor momento. Nunca ha sido tan fácil encontrar opciones veganas allá donde vayas, en tiendas o restaurantes. Sí, todavía encontrarás alguno en el que te servirán de primero una ensalada de lechuga iceberg con un tomate y un poco de cebolla cruda y de segundo una parrillada de verduras quemada y nadando en aceite, pero cada vez son menos, ¡dentro de poco será una anécdota divertida!

Además, me motiva mucho conseguir que gusten todos los ingredientes de origen vegetal, incluso los que más detestas, brindarte una forma de cocción y unos condimentos adecuados para que te apetezca comerlos. Cuando recibo un mensaje como «odiaba la coliflor, pero esta crema me ha encantado», «no soportaba el brócoli, pero con esta salsa he repetido plato», me emociono. Esas palabras me hacen sentir muy reconfortada y agradecida a la vida por haberme ido dando señales a lo largo de estos años para situarme donde verdaderamente quiero estar.

En definitiva, ya no hay excusa válida. Si quieres, puedes, y si te cuesta, para eso está este libro. Además, si tienes cualquier duda, me tienes a tu disposición, ¡ya sabes dónde encontrarme!

Disfruta mucho del libro y de sus más de 80 recetas. Por otra parte, no olvides mirar las referencias a otras páginas que encontrarás en diferentes recetas, ¡te llevarán a otras!

Ojalá lo aproveches al máximo, hasta que no te quede ni una receta por probar, y recuerda que, si la subes a alguna red social y me etiquetas, me hará muy feliz ver tu versión.

SOBRE ESTE LIBRO

Antes de entrar en materia, me gustaría darte las gracias por tener este libro entre las manos y estar leyendo estas páginas. Afortunadamente, hoy hay muchos y muy buenos libros de cocina vegana al alcance de todos. Eso me hace muy feliz pero, al mismo tiempo, dificulta tu elección, y que decidas quedarte con el mío me hace todavía más feliz.

Me siento muy afortunada de que, quizá sin conocerme, escojas apoyar mi contenido, ¡espero estar a la altura de tus expectativas! Estoy convencida de que este libro te ayudará tanto si tu alimentación ya es cien por cien vegetal como si estás en proceso de cambio, o si te conformas con sumar vida a tus platos y quieres comer más vegetal.

En estas páginas, gracias a todos los consejos, trucos y variaciones que incluyo en cada una de las recetas, encontrarás no solo platos que te ayudarán y facilitarán tu deseo de cambio o mejora, sino que te inspirarán y motivarán a crear tus propias versiones. Para que des rienda suelta a tu imaginación y quede en el pasado la cocina monótona y repetitiva que tanto te aburre y te frustra.

Verás que la distribución de las recetas es diferente a lo visto hasta ahora, me apetecía darle una vuelta a lo tradicional, acercarte mi cocina de otra manera. Con la organización de este libro podrás buscar las recetas de varias formas, te las cuento a continuación:

- **Por cómo se suelen comer:** Encontrarás 4 apartados distintos, según la forma en que se comen esos platos.

    - **A cucharadas** (sopas, cremas, helados, yogures...)
    - **De tenedor** (ensalada, pasta, fricandó, tartas...)
    - **Con las manos** (snacks, patés y untables, brochetas...)
    - **Bebidas** (zumos, batidos, caldos, infusiones...)

- **Por sabor y antojo:** Según si te apetece un plato más bien caprichoso o más saludable, encontrarás dentro de cada sección dos tipos de recetas.

    - **Dulces:** Bizcocho de limón (página 72), helado de fresas y chocolate blanco (página 128) o unas galletitas (página 142)
    - **Saladas:** Macarrones (página 104), tofu en samfaina (página 116), pinchos con patatas (página 164)...

– Por ingrediente: Al final del libro encontrarás un listado ordenado alfabéticamente para que encuentres las recetas que lo incluyen.

Claro está que es un libro para consultarlo siempre que se te antoje una receta, o para ojearlo y ver qué te apetece cocinar en ese momento, pero te recomiendo encarecidamente que la primera lectura sea completa, para nutrirte de todo lo que te voy contando a lo largo de estas páginas.

Por último, comentarte que, aunque es un libro de recetas, va más allá de eso. He querido darle personalidad y autenticidad, me apetecía mucho compartir contigo la motivación de cada receta, ponerla en un contexto y situarla en la historia. Te animo a leer detenidamente las introducciones de cada una de ellas, ya que contienen anécdotas, curiosidades, experiencias vinculadas a esa preparación y estoy segura de que te resonarán. Así también me conocerás un poco mejor y de paso te reirás, que buena falta nos hace y nunca está de más.

Entonces, qué me dices, ¿te apetece adentrarte en mi aventura culinaria?

¡Empezamos!

⚛ Primavera

☀ Verano

🍂 Otoño

✺ Invierno

Recetas

A
CU
CHA
RA
DAS

CREMAS UNTABLES

Las cremas son muy versátiles, fáciles y bastante rápidas de hacer. Te recomiendo encarecidamente que tengas siempre un bote preparado en la despensa, así que, cuando te pique el gusanillo, no tengas que recurrir a las cremas industriales con aceites refinados y demás ingredientes nada saludables. Puedes disfrutarlas untadas en una tostada, unos crackers o esparcidas en crepes con fruta fresca (página 88). También sirven para rellenar un pastel como el de zanahoria (página 86), ¡Imaginación al poder!

CREMA UNTABLE DE CHOCOLATE NEGRO

Para 1 tarrito

⧖ aprox. 45 minutos

(❋) (❋) (❋) (🌱)

Ingredientes

25 g de pasta de cacao

15 ml de manteca de cacao

20 ml de sirope de agave

100 g de avellanas tostadas

5 g de cacao puro en polvo

una pizca de sal

Elaboración

• Prepara la crema de avellanas triturando el fruto seco tostado. Puede ser crudo, pero el toque de calor al tostarlos hace que su propio aceite se libere antes y, por tanto, la consistencia cremosa se consiga más rápido.

• Si tu batidora o procesador de alimentos no es suficientemente potente, tritura un par de minutos y deja reposar la masa unos 5 minutos para que suelte su aceite y sea más fácil seguir con el triturado hasta obtener el resultado deseado.

• En un cuenco al baño maría, derrite la pasta de cacao y, en otro, la manteca de cacao.

• Agrega ambas a las avellanas trituradas y añade el sirope de agave y la sal.

• Mezcla los ingredientes hasta obtener una crema espesa y homogénea.

• No caigas en la trampa de añadir aceite o agua, ya que arruinaría el sabor y la textura.

• Deja enfriar a temperatura ambiente para que solidifique un poco. En un rato la tendrás lista para cuando la necesites.

⏳ aprox. 45 minutos

⚙ ✹ ❋ 🌿

Ingredientes

20 ml de manteca de
    cacao

20 ml de sirope de agave

100 g de anacardos crudos

una pizca de sal

CREMA UNTABLE DE CHOCOLATE BLANCO

Elaboración

- Prepara la crema de anacardos triturando el fruto seco hasta que obtengas una textura espesa y sin grumos.

- En un cuenco al baño maría, derrite la manteca de cacao.

- Una vez líquida, mézclala con el sirope, la crema y la pizca de sal.

- Remueve y, cuando hayan quedado bien integrados todos los ingredientes, déjala enfriar a temperatura ambiente. Ya estará preparada para que la disfrutes.

CREMA UNTABLE DE CHOCOLATE CON LECHE

Para 1 tarrito

⧖ aprox. 45 minutos

Ingredientes

100 g de crema untable de chocolate blanco (página 21)

15 g de pasta de cacao

Elaboración

- Derrite la pasta de cacao y mézclala con la crema hasta que quede bien integrada.

- Conserva a temperatura ambiente hasta que se atempere y consiga la textura de crema untable.

Consejos

* Puede que las cremas se condensen demasiado si hace frío; para que recuperen la textura cremosa bastará con calentar un poco el recipiente, por ejemplo, al baño maría.

* No uses frutos secos fritos ni salados, puesto que se elaboran con aceites refinados de baja calidad y llevan demasiada sal.

* La crema de chocolate resultante se guarda a temperatura ambiente, ya que el aceite del fruto seco es autoconservante y no necesita refrigeración. Pero no llegará a ponerse mala, durará un suspiro porque te va a encantar.

Variaciones

* Para acelerar la preparación de estas cremas, puedes partir de tabletas de chocolate (sustituirían la pasta, la manteca y el sirope) y mezclarlas con cremas de frutos secos compradas, pero te recomiendo que tú elabores la base, por lo menos una vez, para disfrutar de los aromas y del sabor más puro. También para darle el toque personal que toda receta necesita.

* Prueba cambiando de fruto seco, por ejemplo, la crema de chocolate negro con pistachos queda de vicio.

* Si quieres una cobertura perfecta, omite la crema de avellanas y atempera el chocolate, como en los mini polos de fresas y chocolate blanco (página 128).

CREMA CATALANA

Antes de pasarme a la alimentación cien por cien vegetal, cuando comía fuera con mi familia, solía terminar el festín con una crema catalana, ese toque de limón y canela... ¡me resulta irresistible!

Decidí hacer mi propia versión tras mucho tiempo sin comerla y, después de varios intentos, conseguí una buena textura y un sabor espectacular. Gustó tanto que me animé a incluirla en este libro para alegrar a sus fans, ¡disfrútala!

Para 4 raciones

⏳ 2 horas 30 minutos

Ingredientes

750 ml de bebida de soja natural

1 ramita de canela

2 trozos de piel de limón ecológico

1 cucharadita de vainilla en polvo

una pizca de cúrcuma en polvo

100 g de azúcar de caña integral

una pizca de sal

25 g de almidón de maíz

Elaboración

• En una olla lleva a ebullición todos los ingredientes menos el almidón de maíz. Cuando rompa a hervir, apaga el fuego y deja infusionar.

• Filtra el líquido con un colador y colócalo de nuevo en la olla limpia.

• Separa un vaso de la preparación y disuelve en él el almidón hasta que no queden grumos.

• Incorpora la mezcla a la olla y lleva a ebullición sin dejar de remover con una varilla, para que espese de manera uniforme.

• Sirve la crema en unas cazuelitas de barro y refrigera 2 horas como mínimo.

• Antes de degustar la crema, esparce azúcar por encima y quémala con un soplete para caramelizarla.

Consejos

* Es importante que el limón sea ecológico para evitar los productos químicos (pesticidas, ceras...) que se añaden a los cítricos para que brillen y se conserven más tiempo.

* Cuanto más tiempo mantengas los ingredientes en la bebida caliente, sin hervir, más sabor y aroma tendrá la crema.

* Las natillas se conservarán durante un par de días, pero lo ideal es consumirlas pocas horas después de su elaboración.

Variaciones

* Prueba a cambiar el limón por otro cítrico, como naranja, por ejemplo.

* Si quieres las natillas chocolateadas, añade cacao en polvo y corrige de azúcar para que no queden amargas.

NATILLAS DE CHOCOLATE

Te propongo una versión más sana, pero igual de caprichosa, de uno de mis postres favoritos cuando era pequeña, ¡aunque no era la única que lo devoraba! Alucinarás con la textura cremosa que le aportan los aguacates. Además, al hacer las natillas en casa, te libras de los envases de plástico. ¡Son todo ventajas!

Elaboración

- Corta los aguacates por la mitad, retira el hueso y, con una cuchara, separa la carne de la piel.

- En una batidora pon la bebida de soja, los aguacates, el sirope de agave, la vainilla en polvo, la pizca de sal y el limón.

- Tritura hasta que no queden grumos y obtengas una mezcla muy cremosa.

- Agrega el cacao en polvo tamizado para evitar grumos y tritura de nuevo.

- Coloca en vasitos y guarda en la nevera 2 horas como mínimo para que enfríe y se asienten los sabores.

- Antes de servir, decora con unas virutas de cacao crudo y cacao puro en polvo por encima; también puedes agregar un chorrito de sirope.

- Te recomiendo que conserves las natillas en la nevera en un recipiente de cristal cerrado y las consumas en los siguientes 3-5 días como mucho.

Para 4 vasitos

⏳ 2 horas 30 minutos

Ingredientes

2 aguacates maduros

250 ml de bebida de soja natural

25 g de cacao puro en polvo

60 ml de sirope de agave

½ cucharadita de vainilla en polvo

una pizca de sal

unas gotitas de limón

Consejos

* Es muy importante usar aguacates maduros, no solo por la textura, sino por el sabor; un aguacate verde es incomible, asegúrate de que estén blandos y de color verde oscuro, casi marrón.

* Seguro que te ha pasado muchas veces que, a la hora de triturar, le das a la batidora mucha fuerza inicial y todo se reparte por las paredes; entonces tienes que rebañar el vaso y volver a empezar una y otra vez... Mi consejo es que comiences siempre a baja potencia y vayas subiendo a medida que los ingredientes se van juntando; así evitarás la cavitación (aire entre las cuchillas y la preparación) y obtendrás el resultado mucho antes.

Variaciones

*   Si te apetece un toque más dulce, añade extra de sirope de agave; pero, si quieres darle un sabor a caramelo, cámbialo por sirope de arce.

*   Si aún quieres unas natillas más caprichosas, reemplaza la bebida de soja por avena o arroz. Serán más dulces y no llevarán azúcar añadido.

YOGUR CON MERMELADA

Para 4 tarritos

⏳ aprox. 48 horas

🌞 ❄️ ✳️ 🌾

Ingredientes para el yogur

200 g de anacardos crudos

2 cápsulas de probióticos

250 ml de agua mineral

Ingredientes para la mermelada

500 g de arándanos frescos o congelados

30 ml de sirope de agave

un chorrito de limón

una pizca de sal

No te puedo explicar lo feliz que me siento al compartir contigo este postre tan clásico, tan habitual en mi casa, ahora cien por cien vegetal y casero. Tampoco te cuento la ilusión que me hace darlo a probar y que se queden alucinando al saber el ingrediente principal del fermentado: ¿En serio es de anacardos? ¡Está buenísimo! Y la mermelada, ¡parece comprada! ¡Hacer tus propios yogures en casa es fantástico! Y no necesitas yogurtera...

Elaboración

- Remoja los anacardos en agua hasta que estén totalmente hidratados. Tardan unas 8-10 horas en agua a temperatura ambiente así que, si tienes prisa, los puedes hidratar en agua muy caliente, recién hervida, y los tendrás listos en una hora aproximadamente.

- Retira el agua de remojo y pásalos a la batidora.

- Agrega el agua y los polvos probióticos, sin las cápsulas.

- Tritura hasta que no queden grumos y coloca la mezcla en un tarro de cristal previamente esterilizado. Tápalo con un papel de cocina sujetado con una goma, para que circule el aire pero no entren gotas ni partículas en suspensión.

- Guarda el tarro en un lugar cálido sin luz directa y déjalo fermentar durante unas 24 horas. Según la temperatura y humedad del ambiente, fermentará antes o después.

- Revisa cada 12 horas para ver si ha fermentado (si huele a yogur y tiene burbujas). Una vez listo, resérvalo en la nevera.

- Tritura todos los ingredientes para la mermelada hasta obtener una mezcla sin grumos.

- Calienta el preparado en una olla pequeña y hierve durante un par de minutos, hasta que se evapore un poco el líquido y empiece a espesar.

- Pasa la mermelada a un tarro de cristal esterilizado y séllalo con la tapa. Es importante que el tarro quede sin apenas aire dentro y bien cerrado.

- Guarda la mermelada a temperatura ambiente y, una vez abierta, consérvala en la nevera.

- Coloca el yogur en los tarritos y combina con la mermelada formando diferentes capas.

Consejos

* Es muy importante usar utensilios limpios y que no hayan entrado en contacto con saliva, ya que se transferirían bacterias y se estropearía la preparación.

* Para alargar la vida del yogur, lo ideal es conservarlo sin la mermelada en un recipiente de cristal cerrado. Pero ten en cuenta que seguirá fermentando y el sabor cada día será más intenso.

* Si es temporada de arándanos, mejor úsalos frescos. El resto del año, descongélalos a temperatura ambiente antes de cocinarlos. Procura que estén maduros, de lo contrario, podría faltar dulzor.

Variaciones

* Una vez fermentado, puedes condimentar el yogur a tu gusto: con un chorrito de limón, con sirope de agave, con cacao puro en polvo, con un toque de canela...

* Se puede elaborar con otro fruto seco, por ejemplo, con almendras, pero la textura no queda tan cremosa.

* Puedes hacer tantas mermeladas como frutas existen, siempre regulando el sabor ya que algunas no son tan dulces. Mi favorita es la de fresa, que no tiene nada que ver con la que venden, ya que no lleva edulcorantes artificiales ni colorantes de origen animal.

* Otra opción es preparar una *rawmelada* (mermelada crudivegana) triturando los ingredientes y sirviéndola al momento, sin pasar por la olla. Para espesarla, usa harina de semillas mucilaginosas (chía o lino).

SMOOTHIE BOWL CON GRANOLA

Hay días que se presentan tan movidos que prefiero asegurarme un buen desayuno y tomarlo con calma antes de empezar, por si acaso no puedo sacar tiempo de calidad para comer, y así evitarme picotear algo que no me haga bien. Recurro habitualmente a la granola cuando se dan estos casos, pero claro está que se prepara con antelación. De hecho, te recomiendo que siempre tengas un tarro listo, ¡no me imagines a las 7 de la mañana de un lunes horneándola!

Para 2 cuencos

⏳ aprox. 15 minutos

Ingredientes

2 plátanos

1 mango

250 ml de bebida de soja natural

15 g de tahini

SMOOTHIE BOWL

Elaboración

- Pela los plátanos y el mango. Córtalos en trozos más o menos grandes, según la potencia de tu batidora.

- Pásalos a la batidora y agrega la bebida de soja y el tahini.

- Tritura hasta que no queden grumos y sirve en un cuenco hondo.

Variaciones

* El tahini es sésamo triturado, crudo o tostado; el tostado tiene más sabor y resalta más, y el crudo queda más sutil.

* Es rico en calcio, pero si el tahini no te gusta, puedes cambiarlo por crema de cacahuetes, anacardos, almendras... O directamente omitirlo.

* El mango lo añado fresco cuando es temporada y congelado cuando no y hace calor.

* Prueba triturando plátano congelado en rodajas, la textura final es muy cremosa, parecida a un helado. Añade los condimentos que quieras, decora con la granola ¡y que aproveche!

Consejos

* Una batidora potente tiene más fuerza de triturado y no necesita que los ingredientes estén cortados en trozos pequeños.

* El smoothie se debe consumir enseguida para evitar que la fruta se oxide.

GRANOLA

Para 1 tarro

⧗ aprox. 30 minutos

Ingredientes

100 g de copos de avena gruesos

50 g de semillas de girasol

50 g de semillas de lino marrón

25 g de piñones

30 g de virutas de cacao crudo

80 g de moras blancas deshidratadas

1 cucharadita de canela en polvo

una pizca de sal

25 ml de agua mineral

un chorrito de limón

80 ml de sirope de agave

Elaboración

- Coloca los ingredientes secos en un cuenco grande, añade el agua y remueve para hidratar los copos, las semillas y los piñones.

- Deja reposar durante 5 minutos y calienta el horno a 150 °C con calor por arriba y por abajo.

- Agrega el chorrito de limón y el sirope de agave. Mezcla bien, sin apretar, para que quede el endulzante bien repartido.

- Pon un papel de horno encima de la rejilla y esparce la granola de modo que quede lisa, para que no se formen grandes grumos.

- Hornea durante 5 minutos, remueve un poco y vuelve a hornear 5 minutos más. No te despistes ya que se quema enseguida.

- Deja enfriar la granola en la rejilla hasta que esté a temperatura ambiente y conserva en un tarro de cristal en la despensa.

Consejos

* Es importante usar fruta deshidratada para que no remoje la receta y no se estropee; sería una pena ir a comerla y que tuviese moho. Además, esta fruta aporta dulzor natural a la receta, así que podemos reducir la cantidad de sirope. Pero, como siempre, ajusta los sabores a tu gusto.

* Si se ha secado bien, la granola se conserva durante mucho tiempo, sobre todo si no hay humedad en el ambiente.

Variaciones

* Esta granola es muy otoñal, ya que la hice una tarde de inspiración a finales de octubre, pero la puedes adaptar a cada estación dándole color, por ejemplo, cambiando las moras blancas por bayas de Goji, los piñones por pistachos, las virutas de cacao por láminas de coco... ¡Las combinaciones son infinitas!

* Lo mismo que con el smoothie, puedes darle color con fresas o arándanos.

GELATINA FRUTAL

Para 2 cuencos

⧗ aprox. 30 minutos

Ingredientes

1 kiwi

60 g de arándanos

10 frambuesas

450 ml de zumo de manzana

3 g de agar-agar en polvo

Esta es una de las primeras recetas que publiqué en mi canal de YouTube y lo cierto es que gustó mucho. Si quieres llamar la atención en una celebración, no dudes en llevar una gelatina tamaño familiar, ya que todos repetirán.

Sorprende mucho descubrir que la gelatina convencional es el resultado de hervir partes de animales que no se consumen (huesos, ojos, cartílagos...) con colorantes artificiales y montones de azúcar. ¡Viva el alga agar-agar!

Elaboración

- Pela el kiwi y córtalo primero en rodajas y cada una en cuatro trozos.

- Coloca la fruta en los cuencos de una forma que te guste, pero no te entretengas demasiado ya que, al añadir el líquido, se moverá un poco. Humedece el cuenco antes para que sea más fáciles de desmoldar.

- Lleva el zumo de manzana a ebullición y agrega el agar-agar en polvo mientras remueves con una varilla, sin parar.

- Baja el fuego, sigue removiendo durante un par de minutos y, con cuidado, agrega el líquido dentro de los cuencos.

- Dale un par de toques suaves a cada cuenco para que suban las burbujas y se puedan eliminar.

- Deja enfriar los recipientes a temperatura ambiente o en la nevera, si tienes prisa, y conserva las gelatinas siempre en frío.

- Desmolda justo antes de servir ya que, con el paso de las horas, se pueden deformar y tienden a soltar algo de líquido.

Consejos

* Usa zumo de manzana que no provenga de concentrados y que sea clarito, para que se vean las frutas. Con este zumo evitamos añadir azúcar a la preparación, y aprovechamos el propio dulzor que contiene la fruta sin la fibra.

* El agar-agar es un alga fantástica, llena de fibra, pero es muy suya, cuesta pillarle el truco. Te animo a que lo sigas intentando, la práctica hace al maestro. Lo ideal es usarla en polvo, ya que es más efectiva y rápida pero, si no la encuentras, cómprala en tiras o en copos y tritúrala.

Variaciones

* Cambia el zumo de manzana por zumo de piña para darle un toque más tropical.

* Juega con la fruta y sus colores, prueba a hacer gelatinas frutales con tonalidades de un solo color, por ejemplo, fresas, frambuesas y cerezas deshuesadas.

* Si las haces de una sola fruta, te recomiendo que la tritures primero y la filtres, para que quede fina, sin semillitas ni pieles; a continuación ya puedes añadir el zumo y seguir con el procedimiento anterior.

HELADO DE FRUTOS ROJOS CON CRUJIENTE DE ALMENDRAS

En cuanto llega el calorcito, el cuerpo me empieza a pedir helados. Años atrás era una devoradora de polos, casi cada día caía uno, encima generalmente por la noche; eso no lo quemaba ni con mis baileteos en el salón. Cuando empecé mi andadura como cocinera vegana, enseguida descubrí los helados de frutas, me fascinaron y, muy pronto, disfruté de sus bondades: nutritivos, dulces por naturaleza, fáciles de hacer, cien por cien vegetales, deliciosos y ¡sin heladora!

HELADO DE FRUTOS ROJOS

Elaboración

- Tritura todos los ingredientes juntos hasta que no queden grumos y pasa la mezcla a la máquina de hacer helados. Si no tienes, coloca la mezcla en un recipiente de cristal; lo ideal es que sea rectangular y con tapa para poder formar mejor las bolas de helado.

- Congela y remueve cada 30 minutos con un tenedor, para romper los cristales de hielo que se vayan formando y así obtener un helado cremoso.

- Una vez que tenga la textura deseada, conserva congelado y con la tapa puesta.

- Saca el helado de la nevera unos 5-10 minutos antes de servir para que se atempere.

- Con una cuchara de helado humedecida forma las bolas y distribúyelas en copas. Decora con el crujiente de almendras y sirve enseguida.

Para 6 bolas

⧗ aprox. 3-4 horas

Ingredientes

150 g de fresas

125 g de arándanos

125 g de frambuesas

30 ml de sirope de agave

una pizca de sal

Consejos

* Recuerda utilizar fruta madura, para que esté en su punto de dulzor y así no tener que añadir demasiado azúcar.

* La fruta congelada conserva su sabor hasta 6 meses después, a partir de entonces empieza a perderlo hasta que no sabe a nada, literal.

Variaciones

* Endulza la receta con un plátano en lugar del sirope, aunque el resultado no será tan dulce.

* Cambia las frutas a tu antojo teniendo en cuenta que las que mejores resultados ofrecen son las más carnosas: mango, plátano, melocotón, albaricoque...

* Prueba este proceso con las natillas de chocolate de la página 26, ¡te encantarán!

CRUJIENTE DE ALMENDRAS

Para 1 lámina

⧗ aprox. 15 minutos

Ingredientes

50 g de almendras crudas peladas

15 ml de sirope de arroz

½ cucharadita de vainilla en polvo

Elaboración

- Precalienta el horno a 150 °C con calor por arriba y por abajo.

- Pica las almendras hasta obtener grumos pequeños y mézclalos en un cuenco con el sirope y la vainilla. Remueve para que queden todos los ingredientes integrados.

- Forma una galleta plana y hornéala sobre un papel de horno en la rejilla durante poco más de 5 minutos. Vigila, ya que es una galleta tan fina que se tuesta enseguida.

- Déjala enfriar y corta en trozos irregulares. Conserva en un lugar fresco y seco.

Consejos

* Usamos sirope de arroz ya que, al enfriar, condensa mejor que cualquier otro y mantiene la galleta crujiente más tiempo.

* Consume el crujiente en pocos días, antes de que empiece a ablandarse. Lo ideal es comerlo recién hecho.

Variaciones

* Prueba con otro sirope si no tienes de arroz, pero ten en cuenta que tendrás que servir el crujiente en cuanto se atempere, ya que pasado poco tiempo se deshace.

* Cambia el fruto seco y tendrás un crujiente totalmente diferente, con pistachos queda de un color muy bonito y llamativo.

* Añade ingredientes extra como semillas, virutas de cacao, coco rallado...

PORRIDGE GOLOSO

Para 2 cuencos

⧗ aprox. 15 minutos

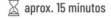

Ingredientes

60 g de copos de avena finos

2 kiwis

½ cucharadita de canela en polvo

500 ml de bebida de soja natural

2 chorritos de tahini

2 onzas de chocolate negro +85 % de cacao

Descubrí las gachas de avena o porridge viviendo en Irlanda. La primera vez que las vi cocinar, mi cara fue de... ¿en serio se comen esta masa espesa con grumos? Pero, cuando las probé, calentitas, con ese punto dulce propio de la avena, se convirtieron en mi desayuno favorito en todo el universo de la gastronomía. Nunca me canso de comerlas, además de que me sientan genial, como una caricia en el estómago, un abrazo en el alma.

Elaboración

- Calienta la bebida de soja en una olla hasta que empiece a hervir, agrega los copos de avena y baja el fuego para que no suba demasiado la preparación.

- Remueve cada tanto para que no se peguen en la base y así ayudar a que espese uniformemente.

- Incorpora la canela y sigue cocinando hasta que los copos estén blandos.

- Pela los kiwis y córtalos en medias lunas.

- Calienta una sartén a fuego medio-bajo, coloca las rodajas de kiwi y cocínalas a fuego lento para que se vayan caramelizando sin quemarse.

- Cuando estén doraditas, apaga el fuego y resérvalas.

- Sirve el porridge en los cuencos y coloca enseguida las onzas de chocolate en el centro para que se derritan.

- Decora con el kiwi caramelizado y un chorrito de tahini.

Consejos

* Te recomiendo que uses copos de avena finos, ya que la textura es mucho más agradable que con copos gruesos. Si no tienes, tritúralos un poco para que queden trozos pequeños.

* No olvides poner enseguida la olla en remojo o no habrá forma de retirar los restos. Te lo digo por experiencia.

* Consúmelo enseguida, cuando aún está caliente ya que, si enfría, se convierte en una pasta nada agradable de comer.

Variaciones

* Lo puedes hacer con copos gruesos teniendo en cuenta que tardan más en cocinarse y la textura final no es tan agradable.

* Prueba cambiando la avena por copos de quinoa; tienen propiedades nutricionales similares y queda un porridge muy suave al paladar.

* Siempre uso bebida de soja, ya que es la más rica en proteínas y más baja en azúcares pero, si quieres un porridge más caprichoso, prueba con bebida de avena o de arroz.

* Antes de retirar de la olla y servir puedes agregar ingredientes extra, por ejemplo, fruta seca deshidratada, frutos secos picados, semillas... o añadirlos por encima como decoración.

CRUMBLE DE MANZANA Y AVENA

Para 8 porciones

⧗ aprox. 1 hora

Ingredientes

4 manzanas golden

una pizca de sal

1 cucharadita de canela en polvo

zumo de ½ limón

Ingredientes para el crumble

150 g de harina de avena

50 g de azúcar de caña integral

una pizca de sal

70 ml de aceite de coco

Me apetecía terminar esta sección con un postre al que no puedo resistirme y, cuando lo leo en una carta, salivo al instante. Pero, si bien es cierto que está buenísimo, es una receta delicada debido al jugo de las manzanas, el cual tiende a humedecer el crumble y, en consecuencia, este pierde la textura crujiente que es fundamental para contrastar con la suavidad de las frutas al horno. Seguro que a ti no te pasará, ¡no le darás tiempo!

Elaboración

- Pela y corta las manzanas por la mitad, retira el corazón y córtalas en gajos y colócalos en un cuenco.

- Agrega el resto de ingredientes, remueve sin apretar y deja macerar la mezcla durante una hora, removiendo de vez en cuando.

- Prepara el crumble en otro cuenco introduciendo primero los ingredientes sólidos y, a continuación, agrega el aceite de coco sin remover demasiado, lo justo para integrarlo.

- Reserva la mezcla en la nevera durante 10 minutos para que coja textura y precalienta el horno a 180 °C con calor por arriba y por abajo.

- En una fuente para hornear incorpora las manzanas y alisa la superficie para que quede plana.

- Saca la mezcla de la nevera y desmenúzala por encima de las manzanas. Tápalas por completo creando una capa superior que formará el crumble.

- Hornea en el centro del horno hasta que, al pinchar en el centro, las manzanas estén blandas; suelen ser unos 20-30 minutos.

- Deja enfriar a temperatura ambiente y guarda el crumble en la nevera.

Variaciones

* Otra fruta que queda genial con este crumble son las peras y también los melocotones.

* Cambia la harina de avena por espelta si quieres un crumble más auténtico.

Consejos

* Puedes hacer la harina de avena en casa triturando copos de avena hasta que no queden grumos. Puedes tamizarla con un colador si la quieres más fina.

* Usamos aceite de coco, que endurece con el frío, para no recurrir a la margarina y sus aceites hidrogenados.

* El crumble se conserva intacto durante un par de días, luego empieza a perder consistencia.

Para 2 cuencos

⏳ aprox. 30 minutos

❄️ ❄️ ❄️ 🌿

Ingredientes

3 puerros

50 g de anacardos crudos

300 ml de agua mineral

300 ml de bebida de soja

un chorrito de aove

una pizca de sal

una pizca de orégano seco

LECHUSSOISE

Estás a punto de descubrir la versión más sana de la Vichyssoise, esa crema de puerro aparentemente ligera, pero, en su versión más tradicional, llena de grasas animales. ¡Además, es mi crema de verduras favorita! No me canso nunca de prepararla (ni de comerla); pruébala caliente, pero también está deliciosa bien fresquita en verano.

Elaboración

• Hidrata los anacardos en agua unas 8 horas hasta que estén blandos.

• Pela los puerros, córtalos en rodajas finas y saltéalos en una olla con un chorrito de aceite.

• Añade una pizca de sal y remueve; sigue cocinando hasta que se dore un poco.

• Agrega el agua y tapa la olla, cocina durante 5 minutos e incorpora los anacardos escurridos.

• Cocina 5 minutos más o hasta que el puerro esté blando. Después, apaga el fuego, añade la bebida de soja y remueve.

• Atempera durante 5 minutos y tritura todo hasta que no queden grumos.

• Sirve y decora con un chorrito de aceite y una pizca de orégano seco.

• Guárdalo en la nevera en un recipiente de cristal para que aguante unos 4 días.

Consejos

* Si se te ha pasado hidratar los anacardos, te comparto un truco: ponlos en agua recién hervida y tapa el cuenco, en una hora los tendrás listos para cocinar.

* Si no tienes una batidora potente, es muy importante que elimines todas las capas secas de los puerros o quedarían filamentos poco agradables de comer.

Variaciones

* Prueba a agregar un calabacín pelado, para que no cambie el color y le aporte una textura más fluida a la receta.

* Cambia el orégano por perejil y, si te atreves, prueba a sustituir la sal por un chorrito de tamari (salsa de soja fermentada sin trigo, por tanto, libre de gluten).

Para 2 cuencos

⏳ aprox. 30 minutos

Ingredientes

4 patatas Monalisa

un chorrito de aove

una pizca de sal

una pizca de pimienta
negra

1 cucharadita de ajo en
polvo

1 cucharada de perejil seco

100 ml de bebida de soja
natural

EL PURÉ DE PATATA

Soy muy fan de las patatas en todos sus formatos: hervidas o al vapor, al caliu o en el horno, fritas y, sobre todo, en puré. Parece una receta sencilla, pero tiene su ciencia. Lo más importante es escoger la variedad de patata adecuada para la receta que quieras elaborar, en este caso la ideal es la Monalisa. ¡El resultado es espectacular!

Elaboración

- Pela las patatas para que el puré quede lo más cremoso posible.

- Lleva agua a ebullición en una olla grande y coloca las patatas dentro.

- Cocina hasta que queden blancas, pero sin que se deshagan.

- Déjalas enfriar un poco y tritúralas junto con el resto de ingredientes.

- Sirve caliente o guarda el puré en la nevera en un recipiente de cristal cerrado, donde se conservará durante unos 3 días.

Consejos

* Te recomiendo que prepares el puré con antelación para que pueda reposar en la nevera ya que, al enfriarse, la fibra se convierte en almidón resistente, rico en probióticos, muy buenos para la flora intestinal.

* Si lo quieres más rústico, usa patatas ecológicas bien lavadas y sin pelar.

Variaciones

* Si lo prefieres, puedes usar perejil y ajo fresco, pero entonces el puré se conservará menos tiempo porque le aportan humedad.

* Hay otro tipo de patata con el que también queda un puré auténtico, se trata de la variedad Kennebec.

CREMA DE ZANAHORIA Y PIMIENTO ROJO

Estoy segura de que te habrá sorprendido leer el título de esta receta, pues te garantizo que te sorprenderá más su sabor. Te puede parecer una combinación rara y apuesto a que crees que el pimiento rojo en crema debe quedar horrible... ¡Dale una oportunidad y verás cómo te encanta!

Para 2 cuencos

⧗ aprox. 30 minutos

Ingredientes

1 pimiento rojo

4 zanahorias

1 cebolla blanca

1 diente de ajo

un chorrito de aove

una pizca de sal

una pizca de pimienta negra

400 ml de agua mineral

250 ml de bebida de soja natural

Elaboración

- Corta el pimiento rojo en dados pequeños y pela y corta las zanahorias en daditos o en rodajas muy finas.

- Pela la cebolla, córtala en cuadrados pequeños y pela y lamina el diente de ajo.

- Calienta un chorrito de aceite en una olla, agrega las verduras, remueve y añade una pizca de sal y de pimienta negra.

- Saltea hasta que empiecen a dorarse, incorpora el agua, llévala a ebullición y cocina hasta que las verduras estén blandas.

- Apaga el fuego, deja reposar 5 minutos y añade la bebida de soja.

- Mezcla y tritura hasta obtener una crema fina y sin grumos. Sirve decorando con una pizca de pimienta negra. ¡A disfrutar!

- La puedes degustar tanto fría como caliente.

- Consérvala en la nevera en un recipiente cerrado y se conservará durante unos 4 días.

Consejos

* Elimina las tiras blancas del pimiento y las semillitas, ya que pueden amargar.

* Aunque la zanahoria sea ecológica, te recomiendo que la peles para que la crema resultante tenga un tono anaranjado muy vivo.

* Corta las verduras en trozos pequeños para agilizar la cocción y que se cocinen antes, manteniendo el fuego medio-bajo.

SOPA RECONFORTANTE

Esta receta es ideal para esos finales del día en los que el cuerpo nos dice: no-puedo-más, en los que lo único que nos apetece es sentarnos en el sofá con una mantita y calentarnos las manos y el estómago con un plato bien nutritivo. Como verás, es una preparación que prácticamente se hace sola, no requiere apenas energía, así que es perfecta para ir entrando en el relax y el descanso de la noche.

Para 2 cuencos

⧗ aprox. 30 minutos

Ingredientes

1 l caldo de verduras (receta en la página 182)

20 g de verduras deshidratadas en juliana

100 g de arroz integral basmati

una pizca de sal

una pizca de pimienta negra

un chorrito de aove

200 g de tofu blanco esponjoso

Elaboración

- Lava el arroz con agua caliente hasta que quede blanca y déjalo en remojo durante unos 10-15 minutos.

- Vierte el caldo en una olla, agrega las verduras y lleva a ebullición.

- Añade el arroz, remueve, condimenta al gusto y cocina a fuego medio-bajo con la olla tapada.

- Corta el tofu en daditos e introdúcelo en la preparación.

- Remueve y cocina durante unos minutos más para que el tofu absorba el caldo.

- Apaga el fuego, sirve y entra en calor mientras te nutres.

- Guarda lo que te sobre en un recipiente de cristal con tapa y consúmelo al día siguiente.

Consejos

* El remojo del arroz es opcional, pero hace que se cueza más rápido.

* Si quieres acelerar más el proceso, hidrata unos minutos antes las verduras en caldo.

Variaciones

* A mí me gusta cocinar con arroz basmati, ya que es un cereal aromático que deja un sabor muy especial en el plato, pero puedes usar otro tipo, siempre vigilando los tiempos de cocción.

* Cambia el tofu por una legumbre entera cocida, por ejemplo, unos garbanzos.

* Otra sopa que me encanta preparar es la de miso, tienes la receta aquí: *bit.ly/sopamiso*

GAZPACHO CON REMOLACHA

Una variante muy colorida de esta bebida o sopa fría, según como se consuma. En los meses de calor podría vivir exclusivamente a base de gazpachos; además, es una receta tan versátil que casi siempre acabo cambiando algún ingrediente para darle un sabor totalmente distinto. ¡Te invito a jugar con las frutas y verduras de temporada!

Para 2 cuencos

⧖ aprox. 10 minutos

Ingredientes

4 tomates rojos

1 cebolla blanca

1 pepino

1 pimiento rojo

1 remolacha pequeña

un chorrito generoso de aove

un chorrito de vinagre de arroz

una pizca de sal

Elaboración

- Pela la cebolla, el pepino y la remolacha.

- Corta las verduras en porciones pequeñas para facilitar el triturado.

- Tritura en la batidora con el aceite, el vinagre y la sal.

- Sírvelo bien fresquito decorado con daditos de pepino. ¡A disfrutar!

- Se conserva en la nevera durante unos 3 días; no olvides mezclarlo bien antes de servir, ya que se separa el líquido de la fibra.

Consejos

* Si el vinagre de manzana o de vino te sienta mal o te provoca una reacción alérgica, como a mí, prueba con el que te propongo en la receta, ya que el vinagre de arroz es mucho más suave.

* Tómalo como entrante o como aperitivo si tienes mucha hambre.

Variaciones

* Ajusta las cantidades a tu gusto, con más o menos tomate, por ejemplo.

* Uso remolacha cruda, pero puedes cambiarla por cocida sabiendo que eso modificará el resultado del plato, tanto en sabor y color como en textura.

EL POTAJE DE LA *IAIA* MAITE

Uno de los platos más especiales de este libro es, sin duda alguna, la receta que me hizo crecer y me acompañó hasta que volé de casa. Mi abuela lo preparaba, como mínimo, una vez a la semana y siempre con garbanzos frescos que traía mi abuelo de la plaza, un clásico. Sirva esta receta como homenaje a la iaia Maite y al iaio Antonio, quienes nos han cuidado y educado de una forma ejemplar tanto a mi hermana como a mí.

Para 2 cuencos

⧗ aprox. 30 minutos

Ingredientes

200 g de espinacas frescas

200 g de garbanzos cocidos

2 cebollas blancas

2 dientes de ajo

un chorrito de aove

una pizca de sal

una pizca de pimienta negra

½ cucharadita de pimentón dulce

200 ml de tomate natural triturado

500 ml de agua mineral

Elaboración

• Pela las cebollas, córtalas en cuadraditos y pela y lamina los dientes de ajo.

• Calienta una olla con un chorrito de aceite. Cuando esté caliente, añade las cebollas y los dientes de ajo y remueve para integrar los ingredientes.

• Agrega una pizca de sal, mezcla y cocina a fuego medio-bajo y con la tapa puesta, hasta que la cebolla esté un poco dorada.

• Incorpora el tomate natural triturado, remueve y cocina.

• Una vez que se evapore el líquido del tomate, agrega el agua, las especias y mezcla.

• Cuando hierva de nuevo, añade las espinacas para que se vayan pochando.

• Finalmente, incorpora los garbanzos cocinados y deja reposar unos 10 minutos.

• Sirve caliente y moja un poquito de pan en el caldo… ¡esto también es un clásico!

Consejos

* La pizca de sal ayuda a ablandar la cebolla más rápidamente, ya que favorece la liberación del agua que contiene..

* Asegúrate de que el tomate triturado no tenga grumos para que quede un caldo fino.

Variaciones

* Añade más o menos tomate según lo espeso y colorido que quieras el potaje.

* A veces la *iaia* cambiaba las espinacas por acelgas y los garbanzos por lentejas, pero este es el potaje original.

CREMA DE CALABAZA CON NARANJA Y JENGIBRE

Para 2 cuencos

⏳ aprox. 30 minutos

Ingredientes

1 calabaza cacahuete

1 cebolla blanca

1 diente de ajo

un chorrito de aove

una pizca de sal

una pizca de pimienta negra

1 cucharadita de jengibre en polvo

350 ml de agua mineral

1 naranja

Me gusta mucho la crema de calabaza, pero parece que, vayas donde vayas, solo existen dos recetas: la de calabaza con patata y la de calabaza con leche de coco. Me apetecía darle una vuelta, así que decidí innovar y, cambiando un ingrediente y otro y otro... di con esta receta. Estoy segura de que te gustará el punto picante del jengibre con el ácido de la naranja y la cremosidad natural de la calabaza.

Elaboración

- Pela la calabaza y la cebolla, córtalas en trozos pequeños y pela y lamina el diente de ajo.

- Calienta una olla con un chorrito de aceite y, cuando esté caliente, añade la calabaza, la cebolla y el diente de ajo.

- Condimenta con la sal, la pimienta negra y el jengibre en polvo y remueve bien.

- Cocina a fuego medio-bajo con la tapa puesta durante unos minutos hasta que empiecen a dorarse las verduras, incorpora el agua y hierve hasta que estén blandas.

- Deja enfriar unos minutos antes de triturar, mientras exprimes el zumo de naranja.

- Pasa a la batidora, agrega el zumo y tritura todo junto.

- Sirve la crema templada y saborea los contrastes que despertará en tu paladar.

- Guarda la crema en la nevera en un recipiente cerrado para que se conserve durante unos 3 días.

Consejos

* Si se te antoja comer la crema fresquita en verano, recuerda congelar calabaza durante su temporada.

* No olvides utilizar cucharas limpias siempre que vayas a probar la crema, para no contaminarla.

Variaciones

* Cambia el jengibre por curry y tendrás una crema con un sabor totalmente diferente.

* Si quieres, usa otra variedad de calabaza, aunque la ideal para cremas es esta.

SOPA DE NAVIDAD

Esta sopa tradicional de Cataluña se come en familia el 25 de diciembre. Como te puedes imaginar, en la receta original hay una gran cantidad de carne animal, tanto en el caldo como en las albóndigas, pero mi versión no tiene nada que envidiarle.

Para 2 platos

⌛ aprox. 2 horas

Ingredientes

1 puerro

2 ramitas de apio

2 zanahorias

1 chirivía

2 hojas de col

80 g de garbanzos hidratados

80 g de galets o tiburones grandes

varios litros de agua

una pizca de sal

una pizca de pimienta negra

un chorrito de aove

CALDO

Elaboración

- Llena una olla con agua y, cuando hierva, agrega las verduras limpias y sin cortar, como mucho en dos porciones. A continuación, incorpora los garbanzos, previamente remojados durante unas 8 horas.

- Añade la sal, la pimienta y el aceite de oliva, remueve y mantén a fuego medio-bajo hasta que los garbanzos estén cocidos, entre 1-2 horas. No pierdas de vista la olla, ya que el agua se va a evaporar y tendrás que ir añadiendo más a lo largo de la cocción.

- Ahora puedes preparar las albóndigas (página 63).

- Una vez que esté listo el caldo, fíltralo y reserva las verduras y los garbanzos en una bandeja para colocar en la mesa.

- Vuelve a llevar el caldo a ebullición e incorpora los galets. Cocínalos hasta que estén al dente y apaga el fuego.

- Justo antes de servir, incorpora las albóndigas.

- Reparte la sopa y que cada comensal se añada las verduras y los garbanzos que quiera.

ALBÓNDIGAS O *PILOTES*

1 puerro

2 ramitas de apio

2 zanahorias

1 chirivía

2 hojas de col

80 g de garbanzos
   hidratados

Elaboración

- Masajea los garbanzos en un cuenco con agua para que suelten las pieles, retíralas y así obtendrás unas albóndigas más finas y reducirás flatulencias.

- Pícalos con un tenedor hasta obtener grumos pequeños y condimenta al gusto con el perejil, el ajo, la sal y la pimienta. Añade el aceite y mézclalo bien para integrarlo con el resto de ingredientes.

- Deja reposar la masa unos 30 minutos para que se repartan los sabores.

- Forma las albóndigas para que se puedan comer de un bocado. Pásalas por harina un par de veces y márcalas en la sartén con muy poco aceite.

- Resérvalas en la nevera hasta el momento de servir.

Consejos

* Maneja las albóndigas con cuidado ya que son delicadas y se pueden deformar.

* Usa los garbanzos al dente para que no se rompan con tanta facilidad.

* Si puedes, prepara el caldo de un día para otro, habrá doblado su sabor.

Variaciones

* Puedes hacer las albóndigas en formato grande y disfrutarlas con una buena salsa de tomate y verduras.

* En otra ocasión, prueba cambiando los garbanzos por lentejas; quedarán unas albóndigas más oscuras, pero igual de buenas.

A CUCHARADAS

BONIATO CON SOFRITO DE LENTEJAS

Para 4 unidades

⏳ aprox. 1 hora

Ingredientes

4 boniatos

200 g de lentejas cocidas

1 zanahoria grande

1 cebolla blanca grande

2 dientes de ajo

un chorrito generoso de aove

una pizca de sal

una pizca de pimienta negra

½ cucharadita de pimentón dulce

300 ml de tomate natural triturado

una pizca de perejil seco

Confieso que los boniatos son mi fuente de carbohidratos favorita, suerte que tengo una pauta de alimentación o en otoño caería uno cada día, con la excusa de: «Hay que aprovechar que pronto se acaba la temporada». Al buscar cómo hacerlos más ricos en proteínas, los mezclé con otro ingrediente muy versátil que no se consume tanto como se debería. Me refiero a las legumbres y, en concreto, las lentejas. De la mezcla salió este platazo caprichoso y nutritivo como el que más..

Elaboración

• Precalienta el horno a 180 °C con calor por arriba y por abajo.

• Lava los boniatos, córtalos por la mitad verticalmente, sin llegar a separarlos del todo, rocía un chorrito de aceite por encima y añade una pizca de sal y pimienta. Colócalos en la bandeja y hornea hasta que el centro esté cocido.

• Mientras tanto, prepara el sofrito: pela la zanahoria y córtala en trozos muy pequeños. Pela también la cebolla y el diente de ajo y córtalos en daditos muy finos o pícalos.

• Calienta una sartén honda con un chorrito de aceite, añade las verduras, agrega una pizca de sal, pimenta y pimentón, remueve y cocina durante 5 minutos o hasta que se empiecen a dorar las verduras.

• Agrega el tomate natural triturado, mezcla y cocina a fuego medio-bajo para que se vaya reduciendo el líquido. No te olvides de poner la tapa, ¡el tomate salpica mucho!

• Cuando haya espesado y las verduras estén blandas, añade las lentejas y cocina un par de minutos para calentarlas.

• Para servir, coloca el boniato abierto en el plato. Monta el sofrito encima dejando que caiga hacia el centro, como una cascada, y decora con perejil seco. ¡A comer con los cinco sentidos!

Variaciones

* Cambia las lentejas por otra legumbre, idealmente pequeña, o incluso por soja texturizada fina.

* Puedes vaciar los boniatos una vez cocidos dejando un poco de pulpa con la piel para que no se desmorone. Rellena los boniatos con el sofrito.

Consejos

* Si preparas el sofrito de un día para otro, habrá reposado y tendrá más sabor. Guárdalo en la nevera en un recipiente cerrado y aguantará unos 3-5 días.

SOPA DE TOMATE MÁGICA

Hace años, cuando trabajaba de ayudante de cocina, me empecé a encontrar fatal, tenía la sensación de que me iba a salir un resfriado bien fuerte o, peor, una gripe. Ese día nos inventamos esta sopa juntando los ingredientes más potentes que teníamos al alcance ¡y resultó! La estuve tomando durante todo el día y me levanté como nueva. Ahora recurro a ella cuando alguien se está resfriando o ya ha pillado un catarro. Aunque no haya estudios científicos que lo demuestren, ¡funciona!

Para 2 cuencos

⧗ aprox. 10 minutos

Ingredientes

250 ml de leche de coco +70 %

4 tomates rojos grandes

1 diente de ajo

1 cebolla pequeña

1 dadito de raíz de jengibre

1 dadito de raíz de cúrcuma

un chorrito generoso de aove

zumo de ½ limón

una pizca de pimienta negra

una pizca de sal

Elaboración

- Pela el diente de ajo y retírale el germen para que no te repita.

- Pela la cebolla y córtala en trozos más o menos grandes, según la potencia de tu batidora.

- Corta los tomates por la mitad o en cuatro, en función de la fuerza de tu batidora.

- Corta la raíz de jengibre y la de cúrcuma, y pela ambas con la ayuda de una cucharita.

- Agrega todos los ingredientes a la batidora y tritura muy bien hasta que no queden grumos.

- Sirve y consúmela enseguida, ¡alucinarás al comprobar cómo te despeja las fosas nasales!

- Se guarda en la nevera durante un par de días como máximo, pero lo ideal es que te la tomes lo antes posible.

Consejos

* Si no te sienta bien la cebolla cruda, puedes pocharla un poco antes de triturarla junto con el resto de ingredientes.

* La leche de coco la encontrarás en tiendas asiáticas en brik o lata; debe tener dos ingredientes: agua y más del 70 % de coco.

Variaciones

* Si no te gusta tomar la sopa a temperatura ambiente, la puedes calentar ligeramente, sin que llegue a hervir, para que no se pierdan las propiedades de los ingredientes.

* Puedes cambiar la leche de coco, pero ten en cuenta que cumple una función conductora para que se absorba mejor la cúrcuma junto con la pimienta negra.

CREMA DE COLIFLOR

Si eres amante de la coliflor, obviamente te encantará esta receta, pero, si no te gusta, prepárate porque una vez que pruebes este plato, no lo podrás volver a decir. Esta crema ha conquistado los estómagos más anticoliflor que te puedas imaginar. ¡Dale una oportunidad!

Para 2 cuencos

⧗ aprox. 30 minutos

Ingredientes

½ coliflor blanca

1 calabacín

1 cebolla blanca

2 dientes de ajo

200 ml de bebida de soja natural

300 ml de agua mineral

un chorrito de aove

una pizca de perejil seco

una pizca de pimienta negra

una pizca de sal

un puñadito de semillas de lino marrón

Elaboración

• Separa la coliflor en flores y córtala por la mitad.

• Pela y corta la cebolla por la mitad, de nuevo por la mitad y lamínala, pela y corta el calabacín en medias lunas y pela y pica los dientes de ajo muy finos.

• Pon a calentar una olla con un chorrito de aceite, agrega las verduras y saltéalas ligeramente.

• Agrega una pizca de sal, incorpora el agua hasta casi cubrirlas, tapa y cocina hasta que las verduras estén blandas.

• Deja enfriar unos 5-10 minutos, tritura y diluye el resultado al gusto agregando bebida de soja.

• Sirve y decora con perejil seco y un puñadito de semillas de lino.

• Guarda la crema en la nevera en un recipiente cerrado para que se conserve durante unos 3 días.

Consejos

* Si te cuesta comer la coliflor, cambia el agua por caldo de verduras (página 182) para que tenga menos sabor.

* También puedes reducir la cantidad de coliflor e ir agregando más cuando te vayas adaptando a su sabor.

* Antes de comer, mezcla las semillas para que se hidraten y mastícalas bien, así aprovecharás mejor todos sus nutrientes y propiedades.

Variaciones

* Cambia la coliflor por brócoli, ¡te sorprenderá!
* Sustituye la bebida de soja por otra bebida vegetal si no quieres una textura tan cremosa.

Recetas

DE
TE
NE
DOR

BIZCOCHO DE LIMÓN

De pequeña era muy fan de los yogures naturales, tanto que, cuando mis padres veían que me costaba terminar la cena, ya me ponían el yogur delante para que fuese alternando. De ahí salió una de las anécdotas más repetidas en mi familia, la de que un día, cuando se despistaron, unté las patatas fritas caseras en el yogur. ¡Se quedaron alucinados! Actualmente no unto nada en el yogur... pero, como verás, lo incluyo en mis recetas.

Para 8 porciones

⧗ aprox. 1 hora

Ingredientes

200 g de harina de trigo

5 g de levadura en polvo

5 g de bicarbonato de sodio

una pizca de sal

200 g de yogur de soja natural

70 ml de bebida de soja natural

100 g de azúcar de caña integral

20 ml de zumo de limón

ralladura de 1 limón ecológico

un chorrito de aove

Elaboración

- Precalienta el horno a 200 °C con calor por arriba y por abajo. Reduce a 180 °C al introducir el molde con la masa para hornear.

- En un cuenco tamiza la harina, la levadura y el bicarbonato. Agrega una pizca de sal y remueve para que los ingredientes queden bien mezclados.

- En otro cuenco grande vierte el yogur y la bebida de soja, remueve y seguidamente incorpora el azúcar tamizándolo. Mezcla con cuidado para que se derrita en el líquido.

- Agrega el zumo de limón y remueve bien, sin agitar, para no levantar espuma, e incorpora la mezcla seca en la húmeda poco a poco, en dos o tres veces, y remueve con la ayuda de una varilla.

- Finalmente, incorpora la ralladura de limón y, de nuevo, mezcla para que quede bien repartida en la masa.

- Engrasa un molde de 20 cm con un poco de aceite, sobre todo si es de metal o acero inoxidable; si es de silicona no es necesario, aunque yo siempre lo hago por si acaso.

- Coloca la mezcla en el molde, dale unos toques para que no queden burbujas en la superficie y hornea en el centro encima de la rejilla hasta que salga limpio al pinchar en el centro. Suele tardar 30-40 minutos en hacerse, pero cada horno es un mundo, así que no te despistes, observa a través del cristal cómo va avanzando.

- Una vez horneado, déjalo enfriar en una rejilla hasta que esté a temperatura ambiente (como mínimo 2 horas) antes de cortar.

Variaciones

* Puedes cambiar el limón por naranja, y tendrás un bizcocho totalmente diferente, incluso prueba a añadirle virutas de cacao... Naranja y chocolate... ¡yummy!

* Si quieres darle más sabor a cítricos, te recomiendo que cambies el yogur natural por uno de limón, por ejemplo, teniendo en cuenta que, al contener azúcar, yo reduciría 20 g el azúcar añadido.

TORTITAS EN LA CAMA

Un sábado al año, normalmente en invierno, me levanto pronto, me regalo el lujo de prepararme este pedazo de desayuno y corriendo vuelvo a la cama para disfrutarlo. A veces lo acompaño con mi matcha latte favorito (página 186), otras con un vasito de leche merengada (página 184), pero lo que nunca falta es mi atención plena en el momento de saborear al máximo cada bocado, de manera consciente, para aprovechar ese presente efímero. Te parecerá que exagero, pero... pruébalo ¡y me entenderás!

Para 8 unidades

⌛ aprox. 30 minutos

Ingredientes

100 g de harina de garbanzo

una pizca de sal

25 g de azúcar de caña integral

5 g de bicarbonato

100 ml de bebida de soja natural

un chorrito de zumo de limón

2 plátanos

un chorrito de aove

3 arándanos

1 cucharadita de coco rallado

un chorrito de sirope arce

Elaboración

- En un cuenco grande mezcla la harina con la pizca de sal, el azúcar y el bicarbonato con la ayuda de una varilla. Agrega la bebida de soja, el zumo de limón, y remueve.

- Deja reposar la masa mientras aplastas un plátano con un tenedor hasta que sea puré y lo agregas al cuenco removiendo para que quede integrado.

- Calienta una sartén para crepes a fuego medio con una gotita de aceite esparcida y, con la ayuda de un cucharón, coloca la masa en el centro procurando que quede redondeada.

- Mantén hasta que los bordes estén cocinados y las burbujas exploten, normalmente son 2 o 3 minutos, dale la vuelta con una espátula plana y cocina de nuevo.

- Coloca en un plato con papel absorbente y repite el proceso hasta que tengas todas las tortitas hechas.

- Para emplatar, forma una montaña de tortitas y entre ellas coloca rodajas de plátano.

- Acaba decorando con unos arándanos, coco rallado y un chorrito de sirope de arce.

Consejos

* No desesperes si las primeras te quedan irregulares y de varios tamaños, es cuestión de práctica. Lo importante en la cocina casera es el sabor.

* Mantén el calor estable durante la elaboración para asegurarte una cocción uniforme en todas las tortitas. No subas el fuego para ir más rápido, ya que se queman enseguida y quedan crudas por dentro.

Variaciones

* Cambia la harina a tu gusto; con la de arroz tienen sabor muy sutil y con la de trigo sarraceno son más intensas, pero igual de ricas.

* Usa las frutas que más te gusten u omítelas para disfrutar las tortitas solas. Si las quieres chocolateadas, en mi *ebook* gratis tienes una receta: *veganeando.com/ebookgratis*

Para 8 porciones

⌛ aprox. 1 hora

Ingredientes para la base

200 g de almendras crudas
   sin piel

35 g de pasta de dátiles

Ingredientes para la salsa de fresas

300 g de fresas frescas o
   descongeladas

una pizca de sal

1 cucharadita de zumo de
   limón

15 ml de sirope de agave

Ingredientes para 500 ml de yogur

200 g de anacardos crudos

2 cápsulas de probióticos

250 ml de agua

una pizca de sal

50 ml de sirope de agave

10 ml de zumo de limón

150 ml de aceite de coco

TARTA HELADA DE YOGUR Y FRESAS

Esta señora tarta es perfecta para impresionar a los invitados. Es una de esas recetas que tardas más en hacerla que en comerla, pero ¡merece la pena el tiempo invertido! Al estar congelada, igual te olvidas de que la tienes hecha y guardada, pero no te preocupes, que en esos días en los que el cuerpo te pide un dulce nutritivo... ¡te vendrá a la cabeza!

Elaboración

• Prepara el yogur con antelación, como en la página 28.

• Tritura las almendras con la pasta de dátiles y, cuando obtengas una masa compacta con pequeños grumos, pásala a un molde redondo desmoldable tapado con papel antiadherente para evitar que la base quede pegada.

• Con las manos forma la base de la tarta y dos dedos de pared, apretando ligeramente para que no queden grumos y la superficie sea uniforme. Conserva en la nevera como mínimo 30 minutos para que solidifique.

• En un cuenco coloca las fresas con una pizca de sal, el zumo de limón y el sirope de agave, déjalas reposar 5 minutos para que se ablanden un poco. Tritura todo hasta que no queden grumos y filtra el resultado para que la salsa quede finísima, sin semillas, ya que crujen y amargan.

• Reserva en la nevera hasta que sea el momento de usar la salsa.

• Una vez que tengas el yogur fermentado, agrégale la pizca de sal, el sirope, el zumo de limón y el aceite de coco derretido. Mezcla y ya puedes montar la tarta.

• Saca la base de la nevera y, sin desmoldar, empieza llenándola con el yogur hasta cubrir la pared de la tarta y un poco más. A continuación, agrega un par de cucharadas de la salsa de fresas y sigue alternando así hasta llegar a la parte alta del molde.

- Coloca un pincho en el centro de la tarta y muévelo en zigzag, arriba y abajo, de un lado a otro, para formar ese patrón tan llamativo.

- La puedes guardar en la nevera hasta que el relleno endurezca, unas 8 horas como mínimo, o congelarla durante aproximadamente 2 horas. Si decides congelarla, no olvides templarla entre 10 y 15 min antes de cortar y servir para que siga muy fría, pero no te dejes la mano cortando.

Consejos

* Antes de elaborar esta tarta te recomiendo que tengas la receta del yogur a mano, tiene su truco y sería una pena tirar tanta cantidad de anacardos si no fermentan bien.

* Lo ideal es consumirla cuanto antes ya que es una tarta muy fresca. En la nevera se conserva durante unos 3-4 días y congelada 6 meses.

Variaciones

* La receta de la pasta de dátiles la tienes aquí: *bit.ly/pastadatiles*. Asimismo puedes usar dátiles hidratados o sirope, pero la textura no será la misma.

* La salsa de mango también queda fenomenal y la de arándanos le aporta un color precioso.

BIZCOCHO DE CHOCOLATE

Si hay un ingrediente al que de verdad me cuesta resistirme es el chocolate negro, cuanto más oscuro, mejor; cuanto más amargo, más rico. Sí, efectivamente soy de a las que les encanta el chocolate 99 %, pero lo consumo con mucha cautela, ya que me causa irritación intestinal... Al tenerlo limitado, no te imaginas cómo lo disfruto cuando cae un poquito, y más si es en formato de bizcocho esponjoso como el que te comparto ahora mismo. ¡Qué locura!

Para 8 porciones

⧗ aprox. 1 hora

✲ ✲ ✲ 🌿

Ingredientes

150 g de harina de trigo

30 g de cacao puro en polvo

1 cucharadita de canela en polvo

una pizca de sal

5 g de bicarbonato

5 g de levadura en polvo

125 g de azúcar de caña integral

300 ml de bebida de soja natural

un chorrito de aove

mermelada de frutos rojos (página 28)

Elaboración

• Precalienta el horno a 200 ºC con calor por arriba y por abajo.

• En un cuenco grande tamiza los ingredientes secos: la harina, el cacao, la canela, la sal, el bicarbonato y la levadura. Remueve con ayuda de una varilla para darle aire a la preparación.

• En otro cuenco mezcla el azúcar con la bebida de soja, deja reposar unos minutos y remueve muy bien con una varilla hasta que no quede azúcar y la masa tenga espuma.

• A continuación, introduce la mezcla seca en la húmeda, en dos o tres veces, sin dejar de remover hasta que no queden grumos.

• Engrasa un molde rectangular con un chorrito de aceite y coloca la masa.

• Hornea a media altura, encima de la rejilla, hasta que, al pinchar en el centro, el palillo salga limpio; suelen ser unos 30-40 minutos pero, como siempre digo, cada horno tiene su personalidad, así que no le quites el ojo de encima.

• Deja enfriar el bizcocho por completo antes de cortarlo. A la hora de emplatar, puedes decorar las porciones de bizcocho con mermelada de frutos rojos.

Consejos

* No abras la puerta del horno como mínimo hasta 30 minutos después de introducir el bizcocho; el contraste de temperatura lo hundiría y te quedaría muy apelmazado.

* Si tu horno no dispone de función vapor, te recomiendo que coloques en la base una fuente de horno con agua para que aporte humedad y así evitar la costra exterior.

Variaciones

* Si te gustan las recetas muy dulces, acompaña el bizcocho con una mermelada más dulce o agrega más azúcar a la masa, pero sin abusar.

* Cambia el cacao puro por matcha en polvo o por una mezcla de especias (tipo speculoos) para darle un sabor totalmente distinto.

TARTA DE MANZANA CON HOJALDRE

Para 8 porciones

⧗ aprox. 1 hora

☼ ❋ ✳ 🌿

Ingredientes

1 masa de hojaldre

4 manzanas golden

una pizca de sal

1 cucharada de zumo de limón

1 cucharada de azúcar de caña integral

La historia de esta tarta sencilla y deliciosa se resume en que, uno de esos días en los que te vas a ir de vacaciones y tienes que inventarte recetas para no tirar nada, se me juntaron una masa de hojaldre olvidada en la nevera con unas manzanas amarillas que estaban bastante maduras. Por supuesto podría haberme comido las manzanas tal cual, pero resulta que no puedo con la textura de las golden crudas, así que me inspiré y salió esta creación.

Elaboración

- Pela las manzanas y retira el centro. Córtalas en gajos, colócalos en un cuenco grande y agrega la pizca de sal, el zumo de limón y el azúcar.

- Mezcla con mucho cuidado, sin apretar, y deja reposar la preparación durante unos 10 minutos.

- Precalienta el horno a 200 ºC con calor por arriba y por abajo.

- Extiende la masa de hojaldre y ponla en el molde forrado con papel antiadherente. Pínchala con un tenedor para que el aire fluya durante la cocción.

- Finalmente, distribuye los gajos de manzana sobre la masa, en forma de flor o en fila, y procura no dejar demasiados huecos. Finalmente, rocía por encima el jugo que han dejado.

- Espolvorea una pizca de canela y hornea en el centro del horno.

- A los 15-20 minutos ya tendrás la tarta preparada, comprueba que la masa está bien cocida y las manzanas están blandas en el centro.

- Déjala enfriar a temperatura ambiente, corta justo antes de servir y, si quieres darle un toque más caprichoso, pon encima una bola de helado de vainilla (página 94).

Variaciones

* Con melocotones también quedaría genial, incluso con brevas o higos.

* Si no quieres usar hojaldre, prueba con la base de la tarta helada (página 76) o la base de las tartaletas de limón (página 90).

Consejos

* Escoge una masa de hojaldre que sea vegana, ecológica y sin grasas hidrogenadas.

* Guárdala en la nevera y consúmela a los pocos días o se reblandecerá mucho.

ROLLITOS FRUTALES

Me encanta jugar con las obleas de arroz, me fascina que se transparente el relleno, dan mucho juego en la cocina y, además, al no tener sabor, se pueden usar tanto en dulce como en salado. Esta receta es ideal para prepararla y disfrutarla con peques, ya que les llama mucho la atención ver la fruta que hay dentro y la curiosidad les lleva a comerla sin darse cuenta. ¡Apunta el truquito que te acabo de dar!

Para 4 unidades

⌛ aprox. 30 minutos

☼ ❋ ❄ 🌿

Ingredientes

4 obleas de arroz

1 plátano

1 mandarina

6 fresas

4 cucharaditas de tahini

Elaboración

- Templa agua y colócala en la base de una fuente redonda, donde la oblea quepa bien y se pueda sumergir.

- Corta el plátano en rodajas, pela la mandarina y sepárala en gajos, y retira las hojas de las fresas y córtalas por la mitad.

- Sumerge una oblea en el agua templada durante 10-15 segundos, no más, ya que se ablandaría demasiado y se rompería. Escúrrela, colócala en una tabla de cortar plana y estírala con cuidado para que no queden arrugas.

- Rellénala con fruta empezando el centro y dejando los bordes sin llenar. Ten en cuenta que esa primera capa será la que se verá al servir el rollito, tiene que quedar lo más bonita posible.

- Agrega una cucharadita de tahini y repártela de manera uniforme a lo largo de la oblea, siempre dejando el margen vacío.

- Es momento de formar el rollito, despega de la tabla el lateral derecho y colócalo encima de la fruta con tahini, repite la misma acción con el lado izquierdo.

- Coloca encima la parte inferior y la parte superior, dale la vuelta al rollito, ¡y ya tienes uno listo! Sigue la misma secuencia para elaborar el resto.

- Guárdalos en la nevera en un recipiente cerrado para que no se sequen; lo ideal es consumirlos el mismo día o al día siguiente.

Consejos

* Esta receta requiere de un poquito de paciencia. Hay que pillarle el truco a las obleas, pero es un proceso divertido, además, siempre quedan ricas.

* El tahini ayuda a mantener las frutas en su sitio, prueba con crema de cacahuetes o de almendras si lo prefieres.

Variaciones

* Elabora tus propias macedonias o haz los rollitos de una sola fruta.

* Si los quieres salados, no dudes en rellenarlos con alguno de los hummus que te propongo en el libro (páginas 172, 173 y 174) o con la sobrasada vegana (página 156), y agrégale unos bastoncitos de zanahoria o de pimiento rojo.

PASTEL DE ZANAHORIA

Esta receta es muy especial. Es mi postre favorito, fue la primera receta que publiqué en mi canal de YouTube y, más de 7 años después, sigue siendo la más vista. No es fácil degustar un carrot cake con la textura ideal, ya que se tiende a hornearlo demasiado y queda muy seco y, encima, con un relleno o cobertura cargados de azúcar. La versión que te propongo queda jugosa, con el punto justo de humedad y con un dulzor muy agradable.

Para 8 porciones

⧖ aprox. 1 hora 30 minutos

Ingredientes

300 g de zanahorias ralladas

200 ml de bebida de soja natural

80 ml de aove

15 ml de zumo de limón

100 g de azúcar de caña integral

450 g de harina de espelta

15 g de levadura en polvo

1 cucharada de canela en polvo

1 cucharadita de jengibre en polvo

½ cucharadita de nuez moscada en polvo

una pizca de sal

un chorrito de aove + para engrasar los moldes

3 tarritos de crema de chocolate blanco (página 21)

Elaboración

• Pela y ralla 3-4 zanahorias grandes para obtener los gramos que pide la receta y pásalas a un cuenco grande. Agrega la bebida de soja, el aceite, el limón y el azúcar tamizado. Mezcla con una varilla y deja reposar unos minutos para que se disuelva el azúcar. Mientras, precalienta el horno a 200 °C con calor por arriba y por abajo.

• Prepara la mezcla sólida tamizando la harina, la levadura, la canela, el jengibre, la nuez moscada y la pizca de sal. Incorpora la mezcla sólida a la líquida removiendo con una varilla.

• Engrasa dos moldes redondos iguales con un chorrito de aceite y coloca en ellos la masa, dividida por igual.

• Hornea en mitad del horno hasta que los bizcochos estén doraditos por arriba y, al pinchar en el centro, el palillo salga limpio. Tardan unos 30-40 minutos, pero observa cuánto tiempo necesitan en tu horno, sobre todo la primera vez.

• Deja enfriar como mínimo 2 horas antes de desmoldar. Si al hornear les ha salido una montaña en el centro, tendrás que cortarla para igualar los bizcochos y que queden planos.

• Cubre un bizcocho con la crema de chocolate blanco. Dispón el segundo encima y repite el proceso unificando las dos capas.

• Decora con unas nueces y, ¡a disfrutar! Ah, y guarda lo que sobre en la nevera bien cerrado para que mantenga la humedad.

Consejos

* Tamizar los ingredientes es importante para evitar que queden grumos en el bizcocho.

* Si la crema de chocolate blanco está endurecida, caliéntala al baño maría para que se derrita de nuevo.

Variaciones

* Suelo usar bebida de soja ya que aporta cuerpo a la receta y es de las más ricas en proteínas, pero puedes probar con bebida de avena o de arroz; en este caso, yo reduciría la cantidad de azúcar ya que son muy dulces.

* La harina de espelta aporta un extra de dulzor natural a la receta, pero puedes usar harina de trigo convencional.

CREPES CON CHOCOLATE Y NARANJA

Para 4 unidades

⧗ aprox. 30 minutos

☀ ❋ ❅ 🌿

Ingredientes

100 g de harina de trigo sarraceno

200 g de agua mineral

una pizca de sal

2 naranjas grandes

un chorrito de sirope de agave

un chorrito de aove

1 tarrito de crema de chocolate con leche (página 22)

Me pasé años sin comer crepes pensando que eran muy difíciles de hacer, hasta que una tarde, paseando por Praga, leí las palabras mágicas «crepes veganas con fruta fresca» en la puerta de un restaurante... No teníamos nada de hambre, pero nos sentamos a tomar algo y, «sin darme cuenta», las crepes estaban perfectamente emplatadas delante de mí, listas para disfrutarlas, así que no tuve más remedio que comérmelas. Me gustaron tanto que, a la vuelta, probando y probando, di con mi propia versión.

Elaboración

- En un cuenco grande tamiza la harina, agrega la pizca de sal, mezcla e incorpora el agua mientras remueves con una varilla para evitar que se formen grumos. Una vez que tengas la mezcla fina, déjala reposar durante unos 15 minutos.

- Corta las naranjas en supremas, es decir, separando los gajos con un cuchillo sin la membrana blanca, ya que esta amarga. Así potencias su dulzor natural.

- Exprime el zumo de los restos de las naranjas y mézclalo con un chorrito de agave.

- Calienta una sartén para crepes a fuego medio y agrega una gotita de aceite bien repartida con un papel absorbente.

- Coloca un cucharón de masa en el centro y repártela muy bien, que quede una capa fina y redondeada.

- Cocina hasta que las burbujas exploten y el borde haya cambiado de color sin llegar a secarse demasiado, dale la vuelta con una espátula plana y espera a que esté bien hecha. ¡Ya tienes una crepe! Resérvala en un plato encima de un papel absorbente y sigue con el resto.

- Para emplatar, coloca una crepe en el centro del plato y cubre la mitad izquierda con la crema de chocolate, agrega las supremas de naranja encima y tapa con la otra mitad. Puedes cerrarla una vez más o dejarla así. Decora con un chorrito de sirope de agave a la naranja y disfrútalas.

Consejos

* Si la crema de chocolate se ha solidificado y te cuesta untarla, dale un toque de calor al baño maría o en el microondas.

* Lo mejor es comerlas al momento, pero se pueden guardar en la nevera como máximo un día, ya que tienden a secarse y la experiencia no sería la misma.

Variaciones

* Juega con las cremas de chocolate y las frutas; me imagino unas crepes con la crema de chocolate blanco y unas fresas laminadas y se me hace la boca agua.

* Me encanta el sabor y el cuerpo que aporta la harina de trigo sarraceno, pero puedes utilizar cualquier otra harina.

TARTALETAS DE LIMÓN

Una de mis formas favoritas de dar amor es cocinando, lo aplico a diario conmigo misma y con la gente que me rodea en Veganeando. Esta receta es otro ejemplo de que la cocina crudivegana va más allá de un plátano enrollado en una hoja de lechuga. ¡Prepárate para la explosión de sabor!

Para 2 unidades

⧖ aprox. 1 hora

Ingredientes

100 g de copos de avena finos

80 g de pasta de dátiles

50 g de anacardos

una pizca de sal

80 ml de zumo de limón

60 ml de sirope de agave

40 ml de aceite de coco

1/2 cucharadita de cúrcuma en polvo

un chorrito de pasta de dátiles diluida

1 cucharadita de coco rallado

virutas de cacao crudo

hojitas de menta fresca

Elaboración

- Hidrata los anacardos durante unas 8 horas para que estén bien blandos, derrite el aceite de coco al baño maría si está sólido y tritura los copos de avena con la pasta de dátiles hasta obtener una masa apelmazada con pequeños grumos.

- Engrasa dos moldes desmoldables con aceite de coco bien repartido y coloca la masa dentro, apretando ligeramente para formar la base y las paredes hasta arriba.

- Conserva en la nevera unos 30 minutos, mientras preparas el relleno, para que se endurezca y se enfríe la base.

- Escurre los anacardos e introdúcelos en la batidora junto con la sal, el zumo de limón, el sirope de agave, el aceite de coco y la cúrcuma. Cuidado con la cúrcuma, ya que el color va subiendo según se va hidratando. Tritura hasta obtener una crema amarilla muy fina y fluida, sin grumos, y resérvala.

- Saca las bases de tartaleta de la nevera y prueba a desmoldarlas empujando la base del molde hacia arriba para despegar las paredes. Así, al finalizar será más fácil desmoldarlas.

- Coloca el molde correctamente y rellena con la crema hasta arriba. Pon las tartaletas en la nevera un mínimo de 2 horas. Lo ideal sería que reposaran unas 8 horas.

- Una vez que hayan solidificado bien, ya se pueden desmoldar y emplatar. Decóralas a tu gusto con coco rallado, virutas de cacao y hojitas de menta.

Variaciones

* Puedes usar dátiles hidratados o sirope, pero la textura jugosa no será la misma. Tienes la videorreceta de la pasta de dátiles en *bit.ly/pastadatiles*

* Prueba a cambiar el limón por naranja, o dale un giro sustituyéndolo por café recién hecho.

CALABAZA ESPECIADA

Probablemente esta sea una de las recetas más sencillas del libro y, al mismo tiempo, una de las más reconfortantes. La calabaza de por sí, con su textura cremosa que se deshace en la boca, me aporta calma y bienestar de inmediato. Suelo cocinarla en salado, normalmente en cremas, así que un día me levanté decidida a darle una vuelta a lo tradicional y me dio por probarla en dulce. Cuando empecé a mezclarla con especias, descubrí un mundo nuevo lleno de sabores.

Para 2 platos

⧖ aprox. 1 hora

Ingredientes

1 calabaza mediana

un chorrito de aove

100 g de pasta de dátiles

una pizca de sal

10 ml de zumo de limón

1 cucharadita de speculoos en polvo

1 cucharadita de coco rallado

un puñadito de pasas

un puñadito de semillas de girasol

Elaboración

- Prepara la pasta de dátiles con antelación. Si no la tienes hecha, encontrarás la videorreceta en *bit.ly/pastadatiles*

- Pela la calabaza y córtala en rodajas de unos dos dedos de ancho, retira las semillas y los pelillos que hay en el centro.

- Precalienta el horno a 200 °C con calor por arriba y por abajo.

- Engrasa la base de una fuente para hornear, coloca las rodajas de calabaza y hornea unos 20 minutos, hasta que esté blanda por dentro y doradita por fuera.

- Pon en un cuenco la pasta de dátiles, la pizca de sal, el zumo de limón y la mezcla de especias, y con una varilla remueve hasta que no queden grumos.

- Emplata la calabaza, riégala con la salsa y decora con coco rallado, pasas y semillas de girasol.

- Disfrútala mientras sigue calentita y notarás cómo el confort se apodera de tu cuerpo.

Consejos

* No tires las semillas de la calabaza, lávalas bien y sécalas en el horno para obtener pipas caseras; incluso les puedes dar sabor con, por ejemplo, el aliño de las nueces (página 153).

* Encontrarás speculoos en polvo en tiendas a granel. Si no das con ello, puedes preparar tu propia mezcla (canela, nuez moscada, clavo, jengibre, cardamomo y pimienta blanca) o usar tus especias favoritas.

Variaciones

* En otra ocasión prueba a hacer la receta con boniato. También queda genial.
* Cambia el coco rallado por virutas de cacao crudo, y las semillas de girasol, por piñones.

BROWNIE CON HELADO DE VAINILLA

Es difícil dar con un buen brownie vegano. Muchos son como un bloque de cemento oscuro lleno de azúcar y otros tantos son bizcochos de chocolate que nada tienen que ver con la textura original.

Hasta el momento, esta es mi mejor versión, la que más se asemeja a la que comí en Nueva York, y de la cual me siento orgullosa. El puntazo que le da el helado ya es cosa de otro mundo, ¡te flipará!

Para 12 porciones

⧗ aprox. 1 hora

Ingredientes para el brownie

150 g de harina de trigo

2 g de bicarbonato de sodio

40 g de cacao puro en polvo

1 cucharadita de canela en polvo

una pizca de sal

150 g de azúcar de caña integral

200 ml de bebida de soja natural

100 ml de aove

80 g de nueces

Ingredientes para el helado

100 g de anacardos hidratados

100 ml de leche de coco +80 %

50 ml de bebida de soja natural

60 ml de sirope de agave

1 cucharadita de vainilla en polvo

1 cucharadita de extracto de vainilla (opcional)

una pizca de sal

Elaboración

• Tritura los anacardos con el resto de ingredientes y pasa la mezcla a una heladora o máquina para hacer helados durante 20-30 minutos. Luego conserva en un recipiente cerrado en el congelador.

• Precalienta el horno a 200 °C con calor por arriba y por abajo.

• En un cuenco tamiza los ingredientes secos (harina, bicarbonato, cacao, canela y sal) y remueve muy ligeramente con una lengüeta para no introducir aire en la mezcla.

• En otro cuenco grande tamiza el azúcar, agrega la bebida de soja y deja reposar la mezcla unos minutos para que el azúcar se disuelva. No remuevas con una varilla ya que eso aportaría aire a la preparación y subiría demasiado.

• Seguidamente vierte el aceite y mezcla con una lengüeta con mucha suavidad.

• A continuación incorpora la mezcla sólida en la líquida, en dos o tres partes, integrando las dos masas con delicadeza, sin movimientos bruscos.

• Agrega las nueces picadas en trozos pequeños y mezcla una vez más, suavemente, para que queden bien integradas.

• Pasa la mezcla a un molde rectangular grande y ancho, tipo fuente de cristal para hornear, cubierto con papel antiadherente.

• Hornea en el centro del horno encima de la rejilla hasta que, al pinchar, el palillo salga limpio. Calcula unos 30-40 minutos aproximadamente, controla la primera vez que lo hagas ya que, al ser tan oscuro, no se ve si se quema o no.

• Antes de desmoldar y cortar, déjalo enfriar en una rejilla con ventilación por abajo como mínimo 2 horas.

- Saca el helado del congelador unos 10 minutos antes de servir.

- Finalmente, a la hora de emplatar, corta el brownie en cuadrados y coloca una porción en cada plato.

- Prepara una quenelle con el helado con la ayuda de dos cucharas soperas o sirve una bola grande encima.

- Decora con unas nueces picadas y un chorrito de pasta de dátiles diluida.

Consejos

* Si no tienes una máquina para hacer helados, pasa la mezcla a un recipiente rectangular con tapa y congélalo removiendo el interior con un tenedor arriba y abajo, de derecha a izquierda, cada 30 minutos, hasta que tenga la textura de un helado cremoso y así evitar que se formen cristales. Este proceso puede tardar unas 2-4 horas, según la temperatura de tu congelador, pero el resultado vale la pena.

Variaciones

* Cambia las nueces por pistachos o avellanas, aunque entonces dejará de ser un brownie para ser un... ¿neobrownie, pseudobrownie, casibrownie? Pero las tradiciones están para romperlas, así que ¡prueba!

* Puedes cambiar el sabor del helado sustituyendo la vainilla por canela o, si quieres un postre muy chocolateado, agrégale cacao puro y un extra de sirope.

EL FRICANDÓ DE LA *IAIA* SARA

*Con esta receta me di cuenta de la necesidad que tenía de camu-
flar la carne... Hay que ver lo que me gustaba la salsa de este esto-
fado, ¡siempre pedía doble ración! Hace ya muchos años que no la
disfruto porque la iaia no ve claro cocinar con seitán y yo comer
una salsa animal, pues tampoco... así que le pedí la receta y la
adapté. En mi memoria la suya sigue estando un pelín más rica,
pero no subestimes para nada mi versión.*

Para 4 platos

⌛ aprox. 1 hora 30 minutos

Ingredientes
para el brownie

500 g de seitán

1 cebolla grande

una pizca de sal

una pizca de pimienta
   negra

20 avellanas tostadas

1 diente de ajo

1 puñado de perejil fresco

caldo de verduras
   (página 182)

Elaboración

• Corta el seitán en láminas y pela y corta la cebolla en juliana,
  muy finita.

• Calienta una olla con un chorrito de aceite y marca el seitán
  vuelta y vuelta. Resérvalo.

• En esa misma olla añade la cebolla con la sal y la pimienta,
  remueve y cocina hasta que transparente y esté prácticamente caramelizada.

• Pela y corta en trozos pequeños el diente de ajo y pica un
  poco las hojas de perejil fresco.

• En un mortero pica las avellanas con el ajo y el perejil, hasta
  que se forme una pasta y queden grumos pequeños.

• Agrega la picada a la cebolla pochada, remueve, incorpora el
  seitán y añade el caldo hasta cubrirlo.

• Cocina a fuego bajo durante unos 10-15 minutos, hasta que el
  seitán esté muy tierno y el caldo se haya evaporado a la mitad.

• Déjalo reposar un par de horas o más con el fuego apagado
  y tapado, para que los sabores se repartan y potencien.

• Al día siguiente tendrá más sabor, como todos los estofados,
  pero también lo puedes disfrutar al momento de terminarlo.

Consejos

* Si te quedan restos de seitán pegados al marcarlo en la olla, puedes desglasarla con un
  chorrito de caldo, de agua o incluso de tamari, para un mayor sabor.

* Usa un seitán que sea esponjoso para que absorba bien los sabores y quede un plato muy
  jugoso.

Variaciones

* El seitán es la proteína vegetal más parecida a la carne pero, si no te gusta o no lo puedes comer, prueba con un tofu que sea muy poroso.

* Hay quien le incluye setas como perretxicos (setas de san Jorge), senderuelas o níscalos, y también un poco de tomate natural triturado.

ENSALADA DE PATATA CON VEGANESA

Para 1 cuenco

⏳ aprox. 30 minutos

☀ ✳ ❄ 🌾

Ingredientes

2 patatas grandes

50 ml de bebida de soja natural

100 ml de aceite de girasol

un chorrito de zumo de limón

una pizca de sal

4 pepinillos encurtidos

1 cucharadita de tomillo seco

¡Ojalá vayamos un día a un bar convencional y nos sirvan esta delicia! Es lo que me repito cada vez que preparo esta receta, un aperitivo fácil y caprichoso. Con la esperanza de que se cumpla mi deseo, sigo yendo a bares en los que las opciones veganas son una bolsa de patatas fritas y unos cacahuetes fritos y salados. Aprovecho para dejarte un lechuconsejo: cuidado con pedir aceitunas, suelen ser rellenas de «anchoa». Mientras esto no ocurre... ¡disfrutemos esta tapa en casa con un vaso de kombucha!

Elaboración

- Lleva agua a ebullición en una olla tapada a fuego medio.

- Pela las patatas, lávalas, córtalas en medios gajos e introdúcelas en la olla hirviendo.

- Cocina unos 5 minutos, hasta que el centro esté cocido y el resto de la patata, firme. Escurre, deja enfriar a temperatura ambiente y resérvalas en la nevera.

- Vierte la bebida de soja en el recipiente de la batidora de mano y, sin remover, agrega el aceite de girasol.

- Tritura sin levantar la batidora de la base y añade el zumo de limón, poco a poco, mientras trituras arriba y abajo, hasta conseguir la textura densa deseada.

- Condimenta con sal al gusto y conserva en la nevera hasta que haya enfriado.

- Corta los pepinillos en rodajas finas y monta la ensalada mezclando las patatas y los pepinillos con la veganesa.

- Cuando estén todos los ingredientes bien integrados, incorpora el tomillo seco y remueve con cuidado. Conserva la ensalada en la nevera y disfrútala fresquita.

Consejos

* Es muy importante que todos los ingredientes estén a temperatura ambiente, sobre todo la bebida de soja; si estaba en la nevera, atempérala primero o no cuajará.

* Usa una bebida que tenga dos ingredientes (soja y agua), y escoge la de mayor porcentaje en soja, lo ideal es un 13-15 %.

Variaciones

* Sé que te gustaría usar aove o aceite de girasol alto oleico sin refinar, pero desafortunadamente no se consigue la textura ni el buen sabor de la veganesa.

* Añade ingredientes extra al gusto, por ejemplo, aceitunas, alcaparras, zanahoria rallada, col lombarda en juliana...

TORRE DE BERENJENA Y TEMPEH

Para 4 platos

⏳ aprox. 45 minutos

Ingredientes

2 berenjenas

200 g de tempeh natural

una pizca de sal

una pizca de pimienta negra

un chorrito de aove

2 cucharadas de tamari

4 cucharadas de sirope de agave

1 cucharada de semillas de sésamo tostado

150 g de mozzarella vegana

hojas de albahaca fresca

4 tomatitos cherry

Me flipan las verduras a la plancha pero, después de haber comido tantas parrilladas de verduras quemadas o nadando en aceite (y encima, de mala calidad), en restaurantes sin más opciones veganas que unas hojas de lechuga con cebolla cruda, confirmo que, como en casa, en ningún sitio.

Esta receta tiene un contraste de sabores que te encantará y lo mejor es que el picante de la berenjena queda totalmente neutralizado.

Elaboración

- Corta las berenjenas y el tempeh en láminas no muy gruesas ni demasiado finas.

- Calienta una parrilla y coloca las berenjenas, agrega una pizca de sal y pimienta y un chorrito de aceite. Cuando estén las tiras de la parrilla marcadas en las berenjenas, dales la vuelta, tuéstalas por el otro lado y resérvalas.

- En la misma parrilla coloca el tempeh y cocínalo vuelta y vuelta hasta que esté doradito.

- Mientras, prepara el aliño mezclando en un cuenco el tamari con el sirope y el sésamo; revuelve bien y reserva.

- Corta la mozzarella en láminas finas para que se ablande con el calor al emplatar y corta los tomatitos por la mitad para decorar el plato.

- Monta la torre colocando una lámina de berenjena en la base, una de tempeh, una de mozzarella y repite hasta terminar. Añade hojas de albahaca entre los diferentes pisos, termina con un cherry encima y riega la torre con una cucharada de aliño.

- Sirve enseguida mientras sigue caliente, es una receta ideal para comer al momento.

Consejos

* Usa rodajas del mismo tamaño o empieza montando las más grandes. Si te sobra berenjena, puedes preparar una samfaina (página 116).

* Es fundamental masticar y ensalivar a conciencia, ya que usamos semillas enteras. Hay que romperlas para aprovechar sus propiedades nutricionales.

Variaciones

* Hay tempeh de varias legumbres (garbanzos, soja, guisantes...), usa el que más te guste. También hay tempeh ya marinado; si usas este, reduce la cantidad de tamari.

* Prueba con calabacín en lugar de berenjena.

MACARRONES A LA CEBOLLARDA

Aquí tienes mi versión vegetal de una de las recetas más resultonas de mi madre, se la sacó de la manga hace muchos años y la cocina en ocasiones muy puntuales, cuando nos juntamos toda la familia. Siempre recordaré la felicidad que me invadía cuando entraba en casa y veía esa bandeja ovalada plateada. La Euge la prepara con macarrones de trigo, pero yo le he querido dar un buen aporte de proteínas de calidad al plato. ¡Espero que lo disfrutes tanto como yo!

Para 4 platos

⧗ aprox. 45 minutos

Ingredientes

2 dientes de ajo

1 cebolla grande

un chorrito de aove

una pizca de sal

una pizca de pimienta negra

100 g de espirales de garbanzo

Ingredientes para la bechamel

un chorrito de aove

50 g de harina de garbanzo

550 ml de bebida de soja

una pizca de sal

1 cucharadita de nuez moscada

50 g de queso vegano rallado

Elaboración

• Pela y corta la cebolla en juliana fina siguiendo sus líneas naturales, así será más dulce. Pela y pica los ajos muy pequeñitos, para que sean más agradables de comer.

• Calienta una sartén a fuego medio con un chorrito de aceite; cuando esté caliente, añade los ajos picados y remueve para que no se quemen. Incorpora la cebolla en juliana y mezcla con los ajos. Agrega una pizca de sal y de pimienta negra, remueve, tapa y cocina a fuego lento hasta que la cebolla transparente y esté blandita, casi caramelizada.

• Lleva una olla grande con agua a ebullición y echa la pasta cuando hierva. Remueve para que no se pegue en la base y cocina a fuego medio-bajo durante no más de 6-8 minutos.

• Escurre la pasta y, en la misma olla, mezcla con los ajos y la cebolla. Reserva con el fuego apagado y la tapa puesta para que no pierda calor

• En otra olla calienta un chorrito de aceite y tamiza la harina, remueve para dorarla ligeramente y, a continuación, con una varilla y sin dejar de remover, ve agregando la bebida de soja. Poco a poco va a ir espesando, sigue removiendo hasta que la textura sea espesa, pero fluida, déjala un poco más líquida de lo que te gustaría ya que acabará de espesar después.

• Condimenta con sal y nuez moscada, mezclando para integrarlas. Introduce la bechamel en la olla con la pasta y el resto de ingredientes, y remueve.

- Precalienta el horno a 190 ºC con la función grill para gratinar y coloca la preparación en una fuente para hornear. Cubre con queso vegano rallado.

- Pon la fuente en la parte alta del horno durante unos 5 minutos o hasta que se dore.

- Sirve enseguida y disfruta de la textura cremosa que regala este plato.

Consejos

* Si se forman grumos en la bechamel, puedes triturarla o filtrarla con un tamiz y, si se enfría y espesa demasiado, puedes diluirla con un extra de bebida de soja.

* Es muy importante que cuentes el tiempo de cocción de la pasta de legumbres ya que se pasa enseguida; no te despistes o quedará tan blanda que se deshará.

* Se pueden congelar los macarrones sin que pierdan propiedades organolépticas, pero es ideal comerlos el mismo día o como máximo al día siguiente.

Variaciones

* Puedes usar pasta de trigo duro o de otro cereal; yo suelo decantarme por la de legumbres ya que así, sin darte cuenta y de forma caprichosa, estás comiendo un buen aporte proteico.

* Lo mismo sucede con la bechamel, sirve perfectamente la bebida de avena y la harina de trigo, pero entonces la receta no será rica en proteínas completas y de calidad.

TOMATES RELLENOS DE REVOLTILLO

Otra receta de mi madre que me encantaba eran los huevos de las gallinas de mis abuelos revueltos con tomate natural. Ella, sabiendo que nos gustaban mucho, los preparaba habitualmente para cenar, era uno de sus platos comodín. Tanto es así que, un día encerrada en la habitación estudiando, escuché a mi hermana quejarse desde el comedor. «¡¿Otra vez revoltillooo?!», yo me reí y pensé: «Mamá, te ha pillado». A continuación tienes mi propuesta vegetal, modernizada y resultona.

Para 4 platos

⧖ aprox. 30 minutos

☀ ❄ ❄ ☘

Ingredientes

4 tomates grandes

400 g de tofu blanco sedoso

un chorrito de aove

una pizca de sal

una pizca de pimienta negra

1 cucharadita cúrcuma

½ cucharadita de Kala Namak

1 cucharada de orégano seco

1 cucharadita de sésamo negro

Elaboración

- Corta los tomates por la parte de arriba, reserva las tapas y vacíalos dejando un poquito de margen y procurando no romper la piel. Reserva también el interior.

- Pica el tofu con un tenedor o una batidora dejando pequeños grumos.

- Calienta una sartén con un chorrito de aceite, añade el tofu, incorpora la parte que has vaciado de los tomates y remueve.

- Cuando empiece a evaporarse el líquido, incorpora las especias (sal, pimienta, cúrcuma, sal negra y orégano) y remueve para integrarlas.

- Cocina unos 5 minutos más o hasta que empiece a espesar y deja reposar para que se atempere un poco.

- Rellena los tomates y decóralos con sésamo negro. Coloca la tapa encima sin llegar a cubrir del todo, para que se vea un poco el interior.

Consejos

* Asegúrate de escoger tomates con la base plana, para que a la hora de emplatar se aguanten rectos y no caigan hacia un lado.

* La Kala Namak es una sal negra volcánica no refinada, muy interesante que, a pesar de salar poco, tiene un olor y sabor que recuerda mucho al del huevo.

Variaciones

* Cambia los tomates por pimientos rojos. Aguantan mejor la temperatura, no se rompen tan fácilmente y quedan ideales con un toque de horno antes de servir.

* Si no encuentras tofu sedoso o japonés, usa el tofu habitual sin escurrir y agrega a la sartén todo el jugo.

CALÇOTS AL HORNO CON PICADA DE PISTACHOS

Para 4 platos

⧗ aprox. 30 minutos

☼ ❄

Ingredientes

15 calçots

un chorrito de aove

una pizca de sal

una pizca de pimienta negra

Ingredientes para la picada

150 g de pistachos naturales

40 ml de aove

10 ml de zumo de limón

una pizca de sal

una pizca de pimienta negra

½ cucharadita de ajo en polvo

15 g de semillas de cáñamo

Te presento una de mis verduras favoritas, los calçots, unas cebollas dulces típicas de Cataluña que, a medida que van creciendo, se calzan, es decir, se cubren de tierra para que crezcan hacia arriba. Se consumen normalmente en una fiesta llamada Calçotada, se hacen a la brasa y se mojan en salsa romesco. Todos de pie y con las manos, ¡te puedes imaginar cómo nos ponemos! Lo cierto es que son un ingrediente muy local y de temporada, así que, si no das con ellos, puedes preparar la receta con puerros.

Elaboración

• Retira las capas más duras de los calçots, corta las hojas verdes, lávalos y sécalos bien.

• Precalienta el horno a 150 ºC con calor por arriba y por abajo.

• Ponlos en una bandeja para hornear, sin que queden demasiado apretados y rocía un chorrito de aceite, sal y pimienta al gusto.

• Hornea hasta que empiecen a ablandarse por dentro y estén doraditos por fuera, aproximadamente 20 minutos.

• Mientras, pela los pistachos y retira la piel seca, que queden lo más limpios posible. Pásalos a la batidora y tritura hasta que queden grumos pequeños; reserva.

• En un cuenco mezcla el aceite, el zumo de limón, la sal, la pimienta, el ajo en polvo y las semillas de cáñamo. Agrega los pistachos picados y remueve hasta que queden bien integrados.

• Decora los calçots recién salidos del horno con la picada de pistachos y sirve.

Variaciones

* Uso semillas de cáñamo para aportarle un plus de proteínas al plato, pero con semillas de girasol picadas o piñones también queda muy rico.

* Cambia los pistachos por avellanas o almendras tostadas si quieres darle un toque tradicional al plato, recordando la salsa romesco.

Consejos

* Para no aburrirte pelando pistachos, puedes ver los vídeos en los que te cuento trucos, consejos y experiencias para ayudarte y para que me conozcas mejor: *bit.ly/lechuhabla*

TALLARINES A LA BOLOÑESA

Cuando me preguntan por mi plato favorito, me viene a la cabeza esta receta y lo cierto es que ocupa un lugar muy especial en mi corazón. En el momento en que me siento a comerlo, vuelvo por un instante a mi infancia y recuerdo cómo enloquecía con un plato de espaguetis con tomate frito de bote. La salsa que te propongo es, para mí, la versión adulta de la receta clásica; no es tan rápida de preparar, pero es mucho más nutritiva y sabrosa.

Para 4 platos

⧖ aprox. 1 hora

✦ ✦ ✦ 🌱

Ingredientes

1 cebolla grande

1 zanahoria grande

1 rama de apio

2 dientes de ajo

un chorrito de aove

una pizca de sal

una pizca de pimienta
negra

un chorrito de tamari

200 g de tallarines

200 g de lentejas cocidas

500 ml de tomate natural
triturado

1 cucharada de tomillo seco

un chorrito de aceite
picante (opcional)

Elaboración

• Pela la cebolla y la zanahoria y córtalas en daditos o pícalas.

• Retira las fibras duras del apio con un cuchillo y córtalo en daditos muy pequeños. Pela los dientes de ajo y pícalos.

• Calienta una olla con un chorrito de aceite y añade los ajos. Cocínalos hasta que se doren y añade la cebolla y una pizca de sal y de pimienta negra.

• Cuando empiece a transparentar incorpora el tamari y la zanahoria y cocina hasta que empiece a ablandarse.

• Introduce el apio y, pasados un par de minutos, agrega las lentejas y el tomillo y mezcla.

• Incorpora el tomate natural triturado, remueve, tapa y cocina hasta que se haya reducido el líquido a la mitad o más.

• Mientras, lleva agua a ebullición en otra olla y hierve los tallarines hasta que estén al dente o a tu gusto.

• Pásalos a la olla con la boloñesa, remueve y calienta un par de minutos. Sirve y decora con aceite picante y tomillo.

• Esta receta se puede congelar para disfrutarla más adelante, pero atempérala primero.

Consejos

* Pica las verduras e incluso tritura un poco las lentejas si quieres una boloñesa más cremosa o corta las verduras en daditos pequeños si quieres una salsa con más textura.

* Al ser una salsa de elaboración larga, es ideal preparar grandes cantidades para disponer de ella durante varios días.

Variaciones

* En lugar de tamari puedes usar vino blanco; yo cocino siempre sin alcohol ya que, al ser abstemia, se me quedaba en la nevera sin usar.

* Puedes cambiar las lentejas por soja texturizada fina, como veremos en el *shepherdess pie* (página 118).

ESPINACAS A LA CATALANA CON QUINOA

Para 4 platos

⏳ aprox. 30 minutos

❄ ✳ ✺ 🌿

Ingredientes

100 g de quinoa tricolor

200 ml de agua mineral

2 dientes de ajo

un chorrito de aove

30 g de pasas

20 g de piñones

200 g de brotes de espinacas

Un día (y no más) fui a comer a un restaurante en el cual tanto el camarero como el cocinero parecieron entender la frase «no como nada de origen animal» pero, a la hora de la verdad, no fue así. Consideraron que la panceta frita sale de un vegetal y me la sirvieron a taquitos dentro de las espinacas, ¡te puedes imaginar el disgusto! Y su respuesta al devolverles el plato... Fue todo tan desagradable que nunca más me he arriesgado a probarlas fuera de casa. De ahí que comparta mi versión reinventada contigo, para evitarte un posible mal rato.

Elaboración

* Lleva el agua a ebullición en una olla a fuego medio.

* Lava la quinoa hasta que el agua salga limpia, escúrrela y agrégala al agua hirviendo. Tapa y cocina a fuego bajo durante 10 minutos, hasta que no quede agua. Resérvala tapada.

* Pela los dientes de ajo, lamínalos y saltéalos en una sartén grande con un chorrito de aceite. Añade los piñones, las pasas y la quinoa y cocina durante un minuto.

* Agrega las espinacas, remueve, tapa la sartén y apaga el fuego. En unos 3-5 minutos estarán listas.

* Sirve en el centro del plato, creando un pequeño monte para que los ingredientes pequeños caigan alrededor.

* Disfrútala tanto recién hecha como fría o a temperatura ambiente. No te recomiendo congelarla, ya que las espinacas pierden totalmente la textura.

Consejos

* La quinoa es una semilla considerada un seudocereal, es libre de gluten y contiene todos los aminoácidos esenciales que componen las proteínas.

* Lava a conciencia la quinoa para eliminar un antinutriente que contiene llamado saponinas; de paso, eliminas el polvo o la arena que pueda contener el grano.

Variaciones

* Puedes usar hojas de espinaca grandes o incluso acelgas pero, al ser más duras, tardarán en ablandarse. Vigila que no se pegue la preparación en la sartén.

* La quinoa se presenta en varios colores como en esta receta, pero puedes prepararla exclusivamente con quinoa blanca, ya que es la más habitual en las tiendas.

TOFU EN SAMFAINA

Otro ejemplo de que las salsas me ayudaban a comer animal, en este caso bacalao, es la samfaina, una fritada de verduras, parecida al pisto manchego, pero tradicional de Cataluña y Valencia. El sabor de la cocción a fuego lento y el juguito que deja el tomate troceado hacen de esta receta una caricia para el estómago. Si además cocinas el tofu hasta que quede bien blandito, casi se te deshará en la boca.

Para 4 platos

⧗ aprox. 1 hora 30 minutos

Ingredientes

1 berenjena

1 calabacín

2 dientes de ajo

2 cebollas

1 pimiento verde

1 pimiento rojo

3 tomates

400 g de tofu blanco

un chorrito de aove

una pizca de sal

una pizca de pimienta negra

1 cucharada de tomillo seco

Elaboración

• Corta en dados la berenjena, el calabacín, la cebolla y los pimientos. Pela y pica los dientes de ajo y corta los tomates en gajos y luego los gajos por la mitad.

• Corta el tofu en láminas y esas láminas en tres porciones rectangulares.

• Calienta una olla grande con un chorrito de aceite, agrega los ajos y dóralos ligeramente.

• Incorpora la cebolla y póchala un poco, añade una pizca de sal y de pimienta negra. Agrega los pimientos, mezcla y cocina a fuego medio-bajo hasta que empiecen a ablandarse. Introduce la berenjena y el calabacín y agrega el tomillo.

• Cuando todas las verduras estén un poco blandas, incorpora los gajos de tomate, remueve y sube el fuego de forma puntual hasta que vuelva el chup-chup.

• Recupera el fuego medio-bajo y cocina tapado hasta que se haya reducido el líquido a la mitad y las verduras estén bien cocidas. Introduce el tofu, mueve la olla para que se cubra con las verduras y cocina 10 minutos más.

• Apaga el fuego y deja reposar como mínimo un par de horas para que los sabores se asienten. Sirve caliente y no te olvides de una rebanada de pan de pueblo para mojar.

Consejos

* Si quieres retirar la piel de los tomates, te recomiendo que los escaldes un momento y los pases rápidamente a agua con hielo, así será mucho más fácil pelarlos.

* La receta tradicional se hace con la verdura cortada en trozos grandes pero, si quieres agilizar la preparación, córtala en porciones más pequeñas.

Variaciones

* Para darle al tofu sabor a mar lo puedes marinar en caldo de algas (nori o wakame cocidas en agua unos 15 minutos) durante 24 horas en la nevera, e incluso cocinarlo con este caldo a fuego muy lento, pero asegúrate de usar tofu esponjoso para que absorba bien el jugo.

* La samfaina nació como salsa de aprovechamiento, para no desperdiciar las verduras que quedaban olvidadas por la nevera, así que puedes elaborarla con las que tengas.

SHEPHERDESS PIE

Solo pensar en esta receta me entra la nostalgia y recuerdo el momento exacto en el que conocí este pastel de patata y carne (shepherd's pie). Estaba trabajando en Dublín y la madre de la casa en la que vivía lo preparó para la familia, yo no lo comí, pero me quedé con todos los pasos y un día elaboré mi versión cien por cien vegetal (shepherdess pie). Afortunadamente recibió el aprobado de todos, así que, feliz, comparto contigo una vivencia nutritiva que me sigue aportando mucho a día de hoy. Si tienes la oportunidad de adentrarte en otra cultura, no la dejes pasar, Lechu.

Para 4 platos

⧗ aprox. 1 hora 30 minutos

Ingredientes

100 g de soja texturizada fina

3 patatas grandes

2 cebollas

2 dientes de ajo

un chorrito de aove

una pizca de sal

una pizca de pimienta negra

1 cucharada de orégano seco

400 ml de tomate natural triturado

un chorrito de tamari

250 ml de bebida de soja natural

100 g de queso vegano rallado

Elaboración

- Lleva a ebullición una olla con agua para hervir las patatas e hidrata la soja texturizada en agua caliente recién hervida hasta que esté blanda, unos 30 minutos.

- Pela las patatas, córtalas en trozos pequeños y agrégalas a la olla. Tapa y cocina hasta que estén cocidas por dentro, unos 10-15 minutos.

- Pela los ajos y las cebollas, córtalos en daditos pequeños y cocínalos un par de minutos en una sartén con un chorrito de aceite.

- Escurre la soja hidratada y añádela a la sartén, remueve, salpimenta al gusto y cocina hasta que la cebolla quede transparente, entonces, agrega el orégano seco.

- Incorpora el tomate natural triturado y un chorrito de tamari; remueve, tapa de nuevo y cocina unos 10 minutos más a fuego bajo, para que se reduzca el tomate.

- Escurre las patatas cocidas y tritúralas. Añade la bebida de soja, una pizca de sal y de pimienta negra y reserva.

- Coloca el guiso de soja en la base de un molde rectangular y cúbrelo con el puré de patatas. Agrega queso rallado por encima y gratina en el horno durante unos 5 minutos hasta que esté doradito.

- Sirve el pastel caliente acompañado de una ensalada o con zanahoria y brócoli al vapor, o disfrútalo frío si se te antoja en los meses calurosos.

Consejos

* Si quieres que la soja tenga más sabor, la puedes hidratar en caldo de verduras con un chorrito de tamari. Para darle mayor textura al pastel, deja algunos grumos en las patatas.

* Se puede congelar sin que pierda propiedades organolépticas hasta un máximo de 6 meses.

Variaciones

* Para gratinar, en lugar del queso vegano, puedes usar almendras o nueces picadas y levadura nutricional.

* Prueba con otros texturizados, por ejemplo, guisantes o semillas de girasol.

ENSALADA CON GARBANZOS ESPECIADOS Y ALIÑO SECRETO

Para 4 platos

⧖ aprox. 15 minutos

Ingredientes

400 g de garbanzos cocidos

una pizca de sal

una pizca de pimienta negra

1 cucharadita de pimentón dulce

1 cucharadita de ajo en polvo

1 cucharada de perejil seco

un chorrito generoso de aove

Ingredientes para el aliño

2 cucharadas de tahini

3 cucharadas de zumo de limón

2 cucharadas de tamari

2 cucharadas de aove

2 cucharadas de agua (opcional)

Ingredientes para el emplatado

200 g de hojas verdes variadas

20 tomatitos cherry

Efectivamente, por fin comparto contigo el aliño que he estado ocultando estos años. Nunca encontraba la ocasión perfecta, la que estuviese a la altura de dicho aderezo. Esta receta es ideal para cuando tienes poco tiempo disponible y no sabes qué preparar. También va genial cuando te apetece comer hojas verdes frescas, pero hace frío y quieres disfrutar de un plato templado. Además, es un plato perfecto para llevar a un pícnic o a la oficina, y nutricionalmente es muy completo y saciante.

Elaboración

- Introduce los garbanzos y todos los condimentos (sal, pimienta, pimentón, ajo y perejil), mezcla sin apretar, rocíalos con el aceite y mezcla de nuevo.

- Calienta una sartén y agrega los garbanzos especiados.

- Cocínalos a fuego medio hasta que estén doraditos. No te pases, ya que podrían endurecerse demasiado. Apaga el fuego y reserva.

- Mientras se doran, prepara el aliño: empieza por el tahini, sigue con el zumo de limón, el tamari y el aceite. Remueve bien con una varilla pequeña para que no queden grumos.

- Por último, agrega agua si la textura no es lo suficientemente fluida.

- Corta los tomatitos por la mitad.

- Emplata la ensalada. Coloca 3 o 4 cucharadas de garbanzos en el centro, decora con los cherry y rocía todo con 1 o 2 cucharadas de aliño en zigzag.

Variaciones

* También puedes secar los garbanzos especiados en el horno para disfrutarlos como snack.

* Cambia las especias a tu gusto, con curry o garam masala quedan buenísimos.

Consejos

* Nunca creerás tener suficiente aliño
  secreto, por eso te recomiendo que
  prepares más cantidad, ya que se
  conserva en buen estado durante
  muchos días en la nevera; eso sí,
  guárdalo en un recipiente de cristal
  bien cerrado y usando siempre
  cucharas limpias.

* El tahini puede ser crudo o tostado; el
  crudo dejará más presencia al tamari;
  en cambio, el tostado lo rebajará.
  Escoge la opción que más te guste.

TOFU A LA ITALIANA

Esta receta es una de esas que se hacen casi solas, simplemente tienes que cortar y hornear. Yo recurro a ella muchas noches, cuando vuelvo cansada de entrenar y todavía tengo trabajo por acabar. No me puedo entretener en preparar una cena elaborada, pero quiero cumplir con mi pauta, así que me inventé esta forma de cocinar las verduras y el tofu sin tener que estar pendiente todo el rato. ¿Italiana por qué? Pues porque lleva sus ingredientes básicos, así de concisa y deliciosa.

Para 4 platos

⏳ aprox. 45 minutos

Ingredientes

400 g de tofu blanco

4 tomates pera

2 cebollas grandes

un chorrito de aove

una pizca de sal

una pizca de pimienta negra

½ cucharadita de ajo en polvo

1 cucharada de albahaca seca

Elaboración

- Precalienta el horno a 150 °C con calor por arriba y por abajo.

- Corta el tofu en cuadrados pequeños, los tomates por la mitad en vertical y las cebollas en juliana fina.

- Coloca la cebolla en la base de una fuente para hornear, agrega una pizca de sal, incorpora los tomates alrededor y cubre la cebolla con los dados de tofu.

- Espolvorea los condimentos (pimienta, ajo y albahaca) por encima del tofu y los tomates.

- Hornea en el centro del horno durante unos 20 minutos, hasta que la cebolla esté blanda y el tofu, doradito.

- Sirve enseguida o deja atemperar y guarda en la nevera o en el congelador.

Consejos

* Te recomiendo que uses tofu esponjoso y firme, para que no se deshaga con el calor.

* Es una receta ideal para elaborar en cantidades grandes, ya que es un comodín perfecto para asegurarte una comida completa y saludable.

Variaciones

* El tempeh es otra proteína vegetal de calidad, así que sería una buena alternativa al tofu.

* En lugar de cebolla, puedes usar puerro o incluso calabacín laminado muy fino.

COCA DE CEBOLLA

En esta elaboración he juntado dos preparaciones que me encantan; por un lado, las cocas con base crujiente y por otro, la cebolla caramelizada. Como verás, siguiendo con mi afán de aportar mayor cantidad de proteína vegetal de calidad a las recetas, he convertido una base que tradicionalmente es de trigo en una masa innovadora hecha con harina de garbanzos. El resultado es un plato lleno de sabor y texturas muy diferenciadas.

Para 4 platos

⧗ aprox. 1 hora

☀ ❄ ✳ 🌿

Ingredientes para la base

200 g de harina de garbanzo

una pizca de sal

80 ml de agua templada

un chorrito de aove

Ingredientes para el relleno

4 cebollas grandes

un chorrito de aove

una pizca de sal

una pizca de pimienta negra

½ cucharadita de pimentón dulce

50 g de queso vegano rallado

1 cucharada de orégano seco

Elaboración

- Tamiza la harina de garbanzo en un cuenco grande, agrega una pizca de sal y calienta el agua en un cazo sin que llegue a hervir.

- Poco a poco, incorpora el agua al cuenco con la harina mientras remueves con la mano, de fuera hacia dentro. Trabaja la masa hasta que quede una pasta densa y homogénea.

- Pásala al mármol previamente espolvoreado con un poco de harina para evitar que se pegue, y trabaja durante un minuto. Forma una bola y resérvala tapada en la nevera durante unos 30 minutos para que repose.

- Pela las cebollas y córtalas en juliana fina, siguiendo las líneas naturales, para favorecer la liberación de los azúcares propios.

- Calienta una sartén con un chorrito de aceite y agrega las cebollas. Remueve y condimenta con sal y pimienta.

- Cocina a fuego medio-bajo hasta que las cebollas estén muy blandas y prácticamente caramelizadas.

- Precalienta el horno a 200 ºC con calor por arriba y por abajo.

- Extiende la masa encima de un papel de horno dándole forma rectangular, pincha la masa con un tenedor y hornea durante 5 minutos.

- Sácala del horno, reparte la cebolla caramelizada por encima y vuelve a hornear hasta que la masa esté doradita y crujiente.

- Espolvorea queso rallado y gratina con la función del horno a grill hasta que el queso esté derretido y dorado. Deja atemperar unos minutos antes de cortar y servir.

Consejos

* Si ves que la cebolla tarda mucho y no tienes tanta paciencia o tiempo, recurre al truco de añadir una base de agua en la sartén, así también evitarás que se pegue si usas una sartén que no sea antiadherente.

* Conserva la coca a temperatura ambiente y consúmela cuanto antes; si se humedece, se reblandecerá y perderá el toque crujiente.

Variaciones

* Estas cocas admiten cualquier ingrediente; la receta tradicional es la coca de recapte, es decir, se cocinaba con lo que se recogía en el campo, normalmente escalivada (página 170).

* Si te apetece un punto picante, cambia el pimentón dulce por picante.

Recetas

CON

LAS

MA

NOS

MINI POLOS DE FRESAS Y CHOCOLATE BLANCO

Para 6 unidades

⏳ Tiempo aprox. 30 minutos

Ingredientes

50 g de anacardos crudos

75 g de fresas frescas

75 ml de leche de coco +80 %

30 ml de sirope de agave

1 cucharadita de vainilla en polvo

una pizca de sal

200 g de chocolate blanco

¡Me encanta hacer helados! Tanto que fue el primer taller presencial que impartí, la primavera de 2016, en una tienda ecológica a la que solía ir a comprar. Desde que descubrí las posibilidades y texturas que nos brindan los frutos secos remojados y las frutas maduras... ¡no pude resistirme a crear y crear! En mi web encontrarás un ebook muy completo en el que te enseño 15 recetas de helados sanos y caprichosos, además de todas las técnicas y trucos para que te queden fenomenal.

Elaboración

- Hidrata los anacardos en agua durante 8 horas como mínimo, hasta que estén blandos por dentro.

- Lava las fresas, retira las hojitas verdes si no quieres usarlas, y córtalas por la mitad.

- En una batidora, incorpora la leche de coco, el sirope, la vainilla, la pizca de sal, los anacardos escurridos y las fresas y tritura a máxima potencia hasta que no queden grumos. Puedes filtrar la mezcla si han quedado pepitas sin triturar o dejarlas, ya que es un extra de fibra.

- Coloca la preparación en los moldes de silicona para polo e introduce los palos de madera.

- Congela durante 4 horas como mínimo o toda la noche, dentro de un recipiente cerrado para evitar el contacto directo con el frío, ya que se crea una capa que oscurece la elaboración.

- Derrite el chocolate blanco al baño maría y colócalo en un vaso de cuello alto. Desmolda los helados y báñalos en el chocolate uno a uno, aguantando en vertical hasta que no caiga ninguna gota.

- Espera unos 5 minutos para que solidifique la capa crujiente y congela de nuevo ya sin molde, en el mismo recipiente cerrado.

- Se conservan muy bien y pueden mantener el sabor hasta 6 meses después de hacerlos, aunque dudo que aguanten tanto... ¡No podrás resistirte!

Consejos

* Puedes guardar las hojitas de fresa para hacerte un batido, ya que son ricas en clorofila.

* Para solidificar los helados va muy bien colocar la base del palo en un cuadradito pequeño, por ejemplo, de una bandeja de enfriar.

Variaciones

* Estos helados admiten todos los gustos y sabores; puedes cambiar la cobertura por chocolate negro o mezclar medio de cada chocolate para hacerlo «con leche».

* El relleno es muy versátil, prueba con mango, plátano... Escoge siempre frutas carnosas para asegurarte un helado bien cremoso.

MIS PRIMERAS MAGDALENAS

Para 12 unidades

⧗ Tiempo aprox. 45 minutos

🌼 ✸ ✸ 🌱

Ingredientes

250 g de harina de trigo

8 g de levadura en polvo

una pizca de sal

100 g de azúcar blanco +
para decorar

175 ml de bebida de soja
natural

200 g de yogur de soja con
vainilla

65 ml de aove + un chorrito

En el año 2009 inauguré mi primer blog de cocina, el predecesor de Veganeando, *al que solo entraban mi familia y las amigas y los amigos, casi a la fuerza, ya que les insistía muchísimo para que subiera el contador de visitas. Les hacía spam por SMS, Messenger, en clase... incluso les rogaba que me dejaran comentarios, ¡qué paciencia tenían! La primera foto que publiqué fueron estas magdalenas, digo foto ya que la receta me la guardé para mí, quizá la reservé, instintivamente, para una ocasión tan especial como esta. ¡Me emociona compartirla contigo aquí!*

Elaboración

- Precalienta el horno a 200 °C con calor por arriba y por abajo.

- En un cuenco grande tamiza la harina, la levadura y la pizca de sal; mezcla con una varilla y reserva.

- En otro cuenco mezcla el azúcar y la bebida de soja con una varilla para que se disuelva el azúcar y salga espuma. A continuación, agrega el yogur de soja y el aceite, mezcla y reserva.

- Introduce la preparación seca en la húmeda, poco a poco, en dos o tres partes, e integra las masas con una varilla sin dejar de remover.

- Engrasa los moldes de magdalena con aceite y, con la ayuda de una cuchara para hacer helado, incorpora la misma cantidad de masa en cada molde, cubriendo 3/4 partes. Decora por encima con un poco de azúcar.

- Hornea durante unos 20 minutos, hasta que el centro esté bien cocido y el exterior doradito; compruébalo pinchando.

- Deja enfriar y guárdalas en un recipiente cerrado para que no se sequen y duren más tiempo, aunque estoy segura de que van a volar.

Variaciones

* Puedes cambiar el azúcar blanco por azúcar integral de caña, pero te quedarán de color marrón oscuro, tipo integrales.

* Si prefieres usar yogur de soja natural, tendrás que añadir unos 20 g de azúcar para equilibrar el sabor.

* En este enlace tienes una versión sin gluten y sin azúcar: *bit.ly/muffinsveganeando*

TRUFITAS CHOCO-COCO

Ahora que están de moda las energy balls, *no quería perder la ocasión de compartir contigo mi versión-variación más caprichosa, pequeños bocados que se deshacen en la boca y te resuelven ese antojo que te entra de golpe, quizá por un momento de estrés... Tengo que decirte que no deberíamos calmar nuestras emociones negativas comiendo, una trufita no te solucionará ningún problema pero, así entre nosotros... ¡qué rica está y qué bien te sentará!*

Para 10 unidades

⧗ Tiempo aprox. 45 minutos

☀ ❄ ❅ 🌿

Ingredientes

40 ml de chocolate blanco

50 g de crema de anacardos

40 g de harina de coco

una pizca de sal

15 g de coco rallado

Elaboración

- Derrite el chocolate blanco al baño maría, resérvalo para que se atempere un poco.

- En un cuenco incorpora la crema de anacardos, el chocolate derretido y mezcla.

- A continuación agrega la pizca de sal y la harina de coco, remueve bien hasta formar una pasta espesa que te permita amasarla.

- Forma las bolitas y rebózalas en el coco rallado.

- Guárdalas en la nevera en un recipiente cerrado, como mínimo 2 horas, para que solidifiquen bien.

- Se pueden congelar e incluso disfrutar como trufas heladas.

Consejos

* El tamaño de las bolitas es de aproximadamente 15 gramos.

* Según la consistencia de tu crema de anacardos puede que necesites añadir más harina.

Variaciones

* Cambia el chocolate blanco por negro o mezcla un poco de cada uno para obtener chocolate «con leche».

* El rebozado se puede omitir, también quedan muy buenas al natural.

TURRÓN DE 'XIXONA'

Es un dulce clásico en todos los centros de mesa durante las fiestas navideñas, bueno, ¡y de las mesas en febrero también!, que siempre sobran turrones ¿verdad? No sufras por si haces demasiado, de este no quedará ni rastro, todos los invitados querrán probarlo, te lo digo por experiencia, eso pasó en mi casa la primera vez que lo preparé, pero cuidado, ¡que incluso tiene el aprobado de mis abuelos!

Para 2 unidades

⧖ Tiempo aprox. 30 minutos

Ingredientes

50 ml de aceite de coco

150 ml de crema de almendras

225 g de harina de almendras

ralladura de ½ limón ecológico

½ cucharadita de canela en polvo

una pizca de sal

75 g de azúcar integral de caña + para decorar

Elaboración

- Derrite el aceite de coco al baño maría si está sólido y mézclalo en un cuenco con la crema de almendras.

- Agrega la ralladura de limón, la canela, la pizca de sal y el azúcar tamizado, remueve y deja reposar unos minutos hasta que el azúcar se haya disuelto.

- Finalmente incorpora la harina mezclando con una espátula para integrarla al resto de ingredientes; la textura ideal es compacta y espesam pero que fluye ligeramente.

- Separa la masa en dos partesiguales, colócalas en dos moldes rectangulares tipo tableta o turrón y reparte con la espátula para que la superficie quede plana.

- Espolvorea por encima azúcar para darle un toque caramelizado; también lo puedes quemar con un soplete si lo deseas.

- Conserva en la nevera como mínimo 2 horas para que se endurezcan, pero lo ideal sería que reposaran unas 8 horas.

- Antes de degustarlos, es ideal desmoldarlos y dejarlos atemperar unos 5 minutos.

- Se pueden congelar una vez enfriados en la nevera.

Consejos

* Si al azúcar le cuesta disolverse, puedes aprovechar el baño maría del aceite de coco para calentar un poco la mezcla.

* Si la crema de almendras está muy líquida, puede que necesites añadir un extra de harina de almendras.

BROCHETAS DE FRUTA CHOCOLATEADA

Para 8 unidades

⏳ Tiempo aprox. 1 hora

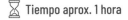

Ingredientes

50 g de chocolate negro +85 % de cacao

6 fresas

1 plátano

1 manzana roja

15 g de coco rallado

1 cucharadita de virutas de cacao crudo

1 cucharadita de semillas de sésamo

Esta es la típica receta que dice ser ideal para preparar con peques y ciertamente lo es, la diversión está asegurada. Pero déjame decirte una cosa, si ya la lío bastante yo sola preparándolas, no me quiero ni imaginar lo que significaría elaborarlas con los revoltosos de casa, ¡vaya fiesta! Encimera, paredes, suelo... seguro que aparece chocolate hasta en las orejas. No dudes en mandarme una foto cuando estéis toda la familia manos a la obra, ¡me encantará verlo! Y si quieres invitarme, iré feliz, pero lamentablemente no podré quedarme a limpiar... ;)

Elaboración

- Derrite el chocolate al baño maría y lava y seca bien las fresas, sin cortar las hojitas ni el rabito.

- Pela y corta el plátano en rodajas. Pela la manzana, córtala por la mitad, retira el centro y córtala en gajos.

- Baña las fresas en el chocolate y, antes de que se seque, espolvorea coco rallado alrededor o rebózalas.

- Prepara las brochetas de plátano y de manzana y báñalas parcialmente en chocolate, con la ayuda de una cucharita.

- Espolvorea las brochetas con virutas de cacao crudo o semillas de sésamo y déjalas secar a temperatura ambiente o, si hace mucho calor, en la nevera. Cuanto más tiempo pase, más se endurecerá la cobertura hasta estar crujiente.

- Consérvalas en la nevera en un recipiente cerrado; lo ideal es consumirlas al poco tiempo de elaborarlas, ya que la fruta empieza a oxidarse nada más cortarla.

- Se pueden congelar para disfrutarlas como si fuesen un helado multifrutas con chocolate.

Consejos

* Para que se seque la fruta y no se pegue en el plato, coloca un papel antiadherente encima. Si tienes una rejilla con cuadraditos pequeños, puedes pinchar allí las brochetas para que queden en el aire.

* El porcentaje del chocolate es alto ya que es el más recomendado pero, si te parece excesivo, prueba con 70 %.

Variaciones

* Recuerda adaptar las frutas a la estación del año, así reduces tu huella de carbono y aprovechas los ingredientes de temporada cuando es su mejor momento.

* Los frutos secos picados aportan un toque crujiente a la receta, sobre todo las avellanas tostadas; reboza alguna fruta con ellas.

PANECILLOS DULCES

Otra receta que me lleva a mi estancia en Irlanda son los scones, una receta tradicional que pasa de generación en generación, bocados densos, pero esponjosos, que se suelen tomar para desayunar con mermelada, mantequilla y el té con leche de rigor. En mi último viaje por la isla esmeralda busqué y pregunté sin cesar en restaurantes y cafeterías si tenían la versión vegana, pero no hubo suerte. Volví con tal antojo que me puse a hacer pruebas y más pruebas… ¡Aquí tienes el resultado!

Para 6 unidades

⏳ Tiempo aprox. 45 minutos

Ingredientes

200 g de harina de trigo

30 g de azúcar blanco

una pizca de sal

40 g de margarina

100 ml de bebida de soja natural

Ingredientes para el relleno

1 cucharada de mermelada de fresas

1 cucharadita de margarina

Elaboración

• Precalienta el horno a 200 °C con calor por arriba y por abajo.

• Mezcla la harina con el azúcar y la sal en un cuenco, añade la margarina y remueve con las manos o con una espátula hasta que quede una masa grumosa.

• Agrega la bebida de soja y trabaja la masa con las manos, no debe quedar excesivamente pegajosa, más bien seca.

• Extiende ligeramente la masa, que quede gruesa, encima de un papel antiadherente, y sepárala en 6 porciones iguales o córtalas en círculos con un corta pastas o un vaso.

• Acaba de darles la forma redondeada y hornea en el centro del horno unos 15-20 minutos. Cuando estén doraditos por fuera es el momento de sacarlos.

• Deja enfriar completamente en una rejilla antes de cortarlos y rellenarlos.

• Guárdalos a temperatura ambiente y consúmelos en los siguientes dos días ya que se van endureciendo, o congélalos.

Consejos

* No aprietes demasiado la masa, es interesante dejarle aire dentro para que no se compacte y así quede más esponjosa.

* Si la masa te queda demasiado pegajosa, siempre puedes espolvorearle un poco de harina extra por encima.

Variaciones

* Te voy a confesar así bajito para que no nos oigan que mi variación favorita es con aove en lugar de margarina, pero el color no queda tan clarito ni el sabor es el mismo, seguiré probando.

* Experimenta untando aceite de coco y sal de hierbas, ¡a mí me encanta esta combinación!

BOMBONES DE DÁTIL

Para 6 unidades

⏳ Tiempo aprox. 20 minutos

Ingredientes

50 g de chocolate negro +85 % de cacao

6 dátiles medjool

2 cucharadas de tahini

Bueno, bueno, bueno. Lo que tenemos por aquí es una de las recetas más fáciles y rápidas de hacer del libro (y eso que todas lo son...), pero esta se hace en un momento. No deja de sorprenderme lo poco que se tarda y lo mucho que se disfruta, las personas que la han probado no dan crédito de que sea tan sencilla y rica al mismo tiempo. Yo no puedo resistirme a estos bocados pecaminosos y es que reúnen tres de mis ingredientes favoritos del mundo mundial, por eso los preparo muy de vez en cuando ya que, si los tengo en la nevera... ¡me los como!

Elaboración

- Lava los dátiles para eliminar la tierra y el polvo que pueda tener la piel, y sécalos bien.

- Derrite el chocolate al baño maría.

- Con la ayuda de unas pinzas de cocina, retira los huesos de dátil por arriba usando el propio agujero del fruto.

- Rellénalos de tahini mediante una jeringa o un biberón de cocina.

- Báñalos en el chocolate negro y déjalos secar encima de un papel antiadherente.

- Pásalos a la nevera y, una vez que esté el chocolate endurecido, guárdalos en un recipiente cerrado.

- Aguantan mucho tiempo en la nevera pero, si lo prefieres, se pueden congelar y así evitas coger uno cada vez que abres el frigorífico.

Consejos

* Los dátiles medjool son de los más grandes del mercado y, al vaciarlos, queda un hueco ideal para rellenar.

* El chocolate negro contrasta muy bien con el dulzor del dátil, pero prueba con un 75-80 % de cacao si te parece demasiado intenso.

Variaciones

* Rellenos de crema de cacahuetes también quedan genial, mucho más caprichosos.

* Si los quieres más intensos, báñalos en cacao puro en polvo.

GALLETITAS SIN HORNO

Al estudiar cocina crudivegana, descubrí que se pueden elaborar bocados dulces sin necesidad de hornear, libres de harinas y gluten. Incluso en muchas ocasiones no necesitan endulzante, ya que los propios ingredientes aportan un toque dulce a la receta. Este tipo de galletas me encantó y desde ese día he preparado muchas versiones. Aquí te comparto una de mis primeras creaciones, la que guardo con más cariño.

Para 6 unidades

⧗ Tiempo aprox. 30 minutos

☼ ❋ ✳ ⦿

Ingredientes

130 g de fibra restante de hacer leche de almendras (página 184)

1 cucharadita de zumo de limón

½ cucharadita de canela en polvo

30 ml de sirope de agave (opcional)

30 ml de aceite de coco

una pizca de sal

ralladura de 1 limón

Elaboración

- Prepara leche de almendras como se indica en la página 184 y conserva la fibra restante. Cuanto antes la prepares, mejor ya que la fibra, al ser tan fresca, no dura más de dos o tres días en la nevera. También la puedes congelar si lo prefieres.

- En un cuenco mezcla todos los ingredientes hasta que queden bien integrados.

- Forma bolas y aplánalas con las manos para redondearlas.

- Colócalas en un plato, ralla limón por encima sin llevarte la parte blanca y espolvoréalas con un poco de canela en polvo.

- Consérvalas en la nevera como mínimo 2 horas antes de consumir, para que el aceite de coco endurezca y quede una textura consistente.

Variaciones

* La base elaborada con la fibra, el aceite y el limón admite cualquier sabor, ¡juega con las especias!

* Prueba con la fibra de otro fruto seco, incluso con la de chufa. Aquí tienes una versión con avellanas y cacao: *bit.ly/galletascrud*i

* Atrévete a preparar unas galletitas saladas con curry, por ejemplo, mmm... ¡buenísimas!

Consejos

* Guárdalas siempre en frío, sobre todo si hace calor, ya que, al ser tan frescas, se reblandecen enseguida.

* Si hace mucho frío, el aceite estará sólido, te recomiendo que, antes de usarlo, lo derritas al baño maría.

PAN DE PLÁTANO

No darás crédito al probar esta receta, es una de las que más ilusión me hace compartir contigo ya que me siento orgullosísima de ella. No te engaño si te digo que no solo es mi mejor versión de este pan dulce, sino que es la más rica que he probado hasta la fecha y, si me conoces, ya sabes que no me tiro flores así como así, ¡palabra de lechu! Además, me puse a repartir y cuando me quise dar cuenta ya no quedaba, desapareció en un visto no visto y el feedback sonaba así: «mmm, ¡buenísimooo!»

Para 8 raciones

⧗ Tiempo aprox. 1 hora

Ingredientes

2 plátanos maduros (150 g)

200 ml de bebida de avena natural

20 ml de aove

50 g de azúcar integral de caña

200 g de harina de trigo

½ cucharadita de canela en polvo

5 g de bicarbonato de sodio

5 g de levadura en polvo

una pizca de sal

un chorrito de aove + para engrasar el molde

un chorrito de tahini

Elaboración

• Precalienta el horno a 200 °C con calor por arriba y por abajo.

• En un cuenco chafa los plátanos hasta que sean puré, idealmente sin grumos, pero si queda alguno no pasa nada. Agrega la bebida de avena, el aceite y el azúcar, mezcla hasta que se disuelva este último y reserva.

• En otro cuenco tamiza la harina, la canela, el bicarbonato, la levadura y la sal; remueve para integrar todos los ingredientes.

• Introduce la mezcla sólida en la líquida poco a poco, en dos o tres veces, mientras mezclas con la ayuda de una varilla.

• Engrasa un molde rectangular con un poco de aceite bien y pon la masa dentro. Dale unos toques al molde para eliminar posibles burbujas y decora con un chorrito de tahini.

• Hornea unos 30-40 minutos, hasta que esté doradito y al pinchar en el centro el palillo salga limpio.

• Déjalo enfriar antes de desmoldar y corta en porciones justo cuando lo vayas a comer, para evitar que se seque.

• Guarda a temperatura ambiente en un lugar fresco y seco, consúmelo en dos o tres días, ya que va perdiendo la textura. También puedes congelarlo en porciones individuales y calentarlo en la tostadora cuando quieras disfrutarlo.

Consejos

* Utiliza plátanos maduros, de esos blandos y que se están ennegreciendo por momentos, ya que ese es su punto máximo de dulzor.

* No lo dejes con el horno apagado una vez que esté al punto, ya que el calor residual sigue cocinando y se podría hasta quemar.

Variaciones

* Cambia la bebida de avena por soja, pero ten en cuenta que esta no endulza apenas, podría faltarte dulzor natural y tendrías que añadirle azúcar.

* Sustituye el tahini por crema de almendras crudas y peladas o por avellanas si quieres que este sabor tenga más protagonismo.

BARRITAS CHOCO-NARANJA

Te presento mi snack favorito para los momentos en los que necesito un plus de energía, por ejemplo y sobre todo, un rato antes de entrenar. Como son tan fáciles y cómodas de llevar en una bolsita de silicona reutilizable, las disfruto en una pausa a media excursión, durante esas largas noches de fiesta mayor o esas mañanas en que me cuesta arrancar y en las que un caprichito dulce ayuda a que pasen más rápido. ¡Qué te voy a contar! Seguro que ya estás visualizando el momento ideal para disfrutarlas.

Para 10 unidades

⧖ Tiempo aprox. 45 minutos

Ingredientes para la base

150 g de dátiles
  deshuesados

180 g de almendras crudas
  peladas

una pizca de sal

30 ml de zumo de naranja

Ingredientes para la cobertura

100 g de chocolate negro

ralladura 1 naranja
  ecológica

Elaboración

- Lava los dátiles para eliminar los restos de tierra y polvo que pueda tener la piel, sécalos, retira el hueso y córtalos por la mitad.

- Colócalos en un procesador de alimentos con el resto de ingredientes y tritura hasta obtener una masa compacta y sólida. Haz una bola grande y separa en porciones iguales de 40-45 gramos.

- Forma las barritas con las manos; asegúrate de que quedan lisas. Colócalas encima de un papel antiadherente, sin que se toquen entre ellas y guárdalas en la nevera 1 hora para que se enfríen y se endurezcan.

- Ralla la piel de la naranja y colócala en la zona de trabajo.

- Derrite el chocolate al baño maría, saca las barritas de la nevera y, con la ayuda de una cucharita, rocíalas por encima y los laterales en zigzag con el chocolate.

- Rápidamente espolvorea por arriba un poco de ralladura de naranja para que se fije en el chocolate al endurecerse.

- Guárdalas en la nevera como mínimo 2 horas y luego pásalas a un recipiente cerrado. Se pueden congelar y descongelar en la nevera o se pueden disfrutar heladas.

Consejos

* Si tu procesador de alimentos o batidora no es muy potente, tritura primero las almendras y luego añade los dátiles cortados en trozos pequeños.

* Los dátiles, cuanto más frescos, mejor. Esta receta necesita humedad natural así que no los compres secos.

Variaciones

* Cambia los dátiles por orejones de melocotón o de albaricoque, incluso por pasas.

* Sustituye las almendras por avellanas y obtendrás un sabor totalmente distinto.

LAS CUQUI COOKIES

Para 12 unidades

⧗ Tiempo aprox. 30 minutos

Ingredientes para la base

250 g de harina de trigo

5 g de bicarbonato de sodio

una pizca de sal

55 ml de bebida de soja natural

100 g de azúcar integral de caña

120 ml de aove

30 g de gotitas de chocolate negro

Esta receta se iba a llamar galletas con virutas de chocolate, sin más, pero en uno de mis arrebatos de felicidad alocada, nada más sacarlas del horno, me fui con la bandeja directa a donde estaba Josep y con mi tono agudo le dije: «¡¡Mira qué cuquis me han quedado las cookies!!», y nos reímos a carcajadas, fue un momento entrañable. Después de probarlas y comprobar que estaban buenísimas, decidí cambiarles el nombre. Le dije cómo las iba a llamar y me dio su visto bueno con un «está guay, es muy tú», así que ¡aquí las tienes!

Elaboración

• Precalienta el horno a 180 °C con calor por arriba y por abajo.

• En un cuenco tamiza la harina de trigo, el bicarbonato y la pizca de sal; remueve y reserva.

• En otro cuenco grande mezcla la bebida de soja y el azúcar hasta que este último se haya disuelto, introduce el aceite y remueve para integrarlo por completo.

• Incorpora poco a poco la mezcla sólida en la húmeda, empieza removiendo con una espátula y termina de formar una bola grande con las manos.

• Separa la masa en porciones iguales de unos 45 g cada una y forma las galletas; no las aplastes demasiado.

• Colócalas en un papel antiadherente en la bandeja del horno y hornea hasta que estén doraditas por fuera, unos 15-20 minutos.

• Déjalas enfriar completamente a temperatura ambiente encima de una rejilla.

• Consérvalas en un tarro de cristal en la despensa, pero no te demores en comerlas, ya que pierden la textura con facilidad. Se pueden congelar pasadas 2 horas como mínimo desde la cocción.

Consejos

* La masa no debe quedar pegajosa, más bien un poco aceitosa.

* Deja un par de dedos entre galleta y galleta, ya que en el horno se expanden ligeramente.

Variaciones

* Esta receta es muy dulce. Si quieres un sabor más neutro, reduce el azúcar o cambia las gotitas por virutas de cacao crudo.

* Si las quieres hacer sin gluten, cambia la harina de trigo por 230 g de harina de arroz y 20 g de almidón de maíz. Quedan ricas, pero algo quebradizas.

SÁNDWICH MODERNO

Cierro esta sección «con las manos dulces» volviendo a la infancia, para actualizar una de las recetas que más disfrutaba durante el recreo y, en ocasiones, en la merienda. Estoy segura de que te será familiar el sándwich de pan de molde blanco (sin corteza para los tiquismiquis) con crema de chocolate hasta arriba de azúcar y grasas hidrogenadas (no diremos marcas), ¿no es cierto? ¡Yo saltaba de alegría cuando tocaba! A continuación te presento su upgrade, mi versión mejorada de esos bocados que recuerdo con tanto cariño.

Para 1 unidad

⏳ **Tiempo aprox. 10 minutos**

Ingredientes para la base

½ tarrito de crema untable de chocolate con leche (página 22)

1 plátano

2 rebanadas de pan de molde integral

1 chorrito de sirope de arce (opcional)

Elaboración

* Prepara la crema untable como te explico en la página 22.

* Pela y corta el plátano en rodajas.

* Tuesta el pan de molde en la tostadora o en una sartén sin aceite, vuelta y vuelta a fuego medio-bajo.

* Con el pan todavía caliente, unta la crema en ambas rebanadas y coloca el plátano encima de una rebanada.

* Tapa y rocía con un chorrito de sirope de arce. Eso ayudará a caramelizar el pan.

* Pasa el sándwich por la sartén por el lado que tiene el sirope y déjalo cocinar durante un par de minutos vigilando que no se queme.

* Guárdalo en un táper tipo sándwich o en una bolsa de silicona con cierre.

* Disfrútalo mientras recuerdas esos viejos tiempos en los que no teníamos más preocupaciones que las de hacer los deberes y aprobar los exámenes.

Consejos

* Compra un pan de molde de calidad que sea integral de verdad, de panadería tradicional, como el que hace Pepe en Cal Palau.

* Si hace frío y has preparado la crema con anterioridad, la puedes calentar un poco al baño maría para que recupere la textura untable.

Variaciones

* Cambia la fruta a tu gusto, pero procura que no sea demasiado líquida porque ablandaría el pan.

* Sustituye la crema de chocolate por otra que te guste más o por crema de frutos secos, por ejemplo, de cacahuetes.

FRUTOS SECOS ESPECIADOS

Te presento tres versiones de uno de mis snacks salados favoritos, los frutos secos especiados. Por suerte o por desgracia los que se venden quedan muy lejos de ser saludables, normalmente se fríen y salan en exceso, contienen potenciadores de sabor, conservantes, colorantes... incluso ingredientes de origen animal.

Así que, tras analizar el mercado, decidí hacer los míos propios para satisfacer mi capricho y, al mismo tiempo, aumentar la ingesta de frutos secos, ya que a veces me cuesta comerlos solos.

ALMENDRAS AL CURRY

Para 1 cuenco

⧗ Tiempo aprox. 20 minutos

☀ ❄ ❋ ⊛

Ingredientes

150 g de almendras crudas peladas

1 cucharada de curry en polvo

1 cucharadita de tomillo seco

15 ml de aove

NUECES AL PIMENTÓN

Con el sabor propio de este fruto seco más el fondo que aporta un buen pimentón de La Vera, no veo mejor combinación. Si quieres un snack picantón, siempre puedes cambiar el dulce por el picante.

Para 1 cuenco

⧖ Tiempo aprox. 20 minutos

Ingredientes

150 g de nueces crudas

15 ml de aove

1 cucharadita de pimentón
 dulce

una pizca de pimienta
 negra

una pizca de sal ahumada

1 cucharadita orégano seco

ANACARDOS QUESEROS

Un maravilloso (¡y mágico!) fruto seco es el anacardo. Con él se preparan toda clase de salsas, cremas y quesos veganos ya que su sabor, bien especiado, recuerda mucho al de este producto de origen animal.

Para 1 cuenco

⧗ Tiempo aprox. 20 minutos

Ingredientes

150 g de anacardos crudos

10 g de levadura nutricional

1 cucharadita de perejil seco

1/2 cucharadita de ajo en polvo

una pizca de sal

Elaboración general

- Precalienta el horno a 150 °C con calor por arriba y por abajo.

- En un cuenco introduce las especias y los condimentos, y mezcla.

- Agrega el aceite y remueve para que quede todo bien impregnado.

- Coloca papel antiadherente en la bandeja de horno y pon los frutos secos encima bien repartidos para que no se solapen unos con otros.

- Hornea durante unos 10 minutos hasta que empiecen a dorarse y no te despistes: se tuestan y queman muy fácil y rápidamente.

- Déjalos enfriar a temperatura ambiente y guárdalos en un tarro de cristal bien cerrado.

Consejos

* Revisa los ingredientes del curry que vayas a usar, normalmente ya contiene sal y pimienta, no le añadas extra.

Variaciones

* Como ves, son recetitas muy fáciles y rápidas de hacer, además de versátiles. Utiliza tus especias o hierbas secas favoritas para darles un toque diferente a tus frutos secos.

CRACKERS DE SEMILLAS CON SOBRASADA

Para 10 unidades y 1 cuenco

⧖ Tiempo aprox. 45 minutos

Ingredientes para los crackers

20 g de semillas de lino marrón

20 g de semillas de chía

150 ml de agua mineral

una pizca de sal

20 g de semillas de girasol crudas

10 g de semillas de cáñamo

Ingredientes para la «sobrasada»

100 g de tomates secos

70 g de semillas de girasol crudas

una pizca de sal

una pizca de pimienta negra

1 cucharadita de pimentón dulce

30 ml de aove + para decorar

70 ml de agua mineral

una pizca de orégano seco

En casa siempre había sobrasada para picotear o para rellenar bocadillos. A mí me resultaba una textura y un color sospechosos, pero no fue hasta muchos años después cuando descubrí lo que escondía. Entonces me negué a seguir consumiéndola y creé mi versión usando un ingrediente nuevo para mí por aquel entonces: los tomates secos. Los crackers ya te adelanto que se convertirán en uno de tus vicios más sanos, ¡son adictivos!

Elaboración

- Lava los tomates secos e hidrátalos en agua hasta que estén blandos, como mínimo 2 horas.

- Mezcla las semillas de lino y chía con la sal en un cuenco. Agrega el agua poco a poco, removiendo hasta que queden todas las semillas mojadas. Deja reposar la mezcla como mínimo 30 minutos, hasta que se hayan hidratado y formen el mucílago que da lugar a la textura gelatinosa.

- Prepara la sobrasada colocando los tomates secos escurridos en la batidora, añade las semillas de girasol, las especias y el aceite, y haz un primer triturado. Te quedará una masa espesa, así que añade agua poco a poco y remueve para integrarla.

- Tritura hasta obtener una pasta densa y cremosa con algún grumo pequeño de las semillas y reserva.

- Precalienta el horno a 150 ºC con calor por arriba y por abajo.

- Agrega las semillas de girasol y de cáñamo al cuenco de las semillas hidratadas y remueve.

- Coloca un papel antiadherente en la bandeja del horno y coloca las semillas en forma de rectángulo, sin agujeros, formando una tabla fina.

- Cocina durante unos 10-15 minutos, hasta que se haya secado el líquido y las semillas estén doraditas. Retira y deja enfriar a temperatura ambiente. Corta en porciones irregulares y emplata o conserva en un bote de cristal.

Variaciones

* Si te gusta el picante, añade más pimienta y cambia el pimentón dulce por picante.

NOQUESO CREMOSO A LAS FINAS HIERBAS

A continuación te presento otro untable que me pierde, ¡esto es un no parar de disfrutar, Lechu! Aunque a estas alturas del libro ya te habrás dado cuenta, ¿no? La mezcla de los anacardos con la levadura nutricional es como magia a la hora de recordar el sabor del queso. ¡Si no lo has probado todavía, ya estás tardando! Ah, y antes de que me lo preguntes… No, la levadura de cerveza no sirve, ni aunque sea desamargada, no tiene nada que ver una con otra y el resultado tampoco.

Para 1 cuenco

⧖ Tiempo aprox. 15 minutos

Ingredientes

200 g de anacardos crudos

30 g de levadura nutricional

una pizca de sal

una pizca de pimienta negra

1 cucharadita de orégano seco + para decorar

1 cucharadita de tomillo seco

1 cucharadita perejil seco

½ cucharadita de ajo en polvo

125 ml de agua mineral

un chorrito de aove

pan con aceitunas negras

Elaboración

- Remoja los anacardos en agua hasta que estén blandos tanto por dentro como por fuera, unas 8-10 horas será suficiente.

- Dispón los anacardos hidratados y escurridos en una batidora y agrega la levadura y todos los condimentos y especias.

- Tritura hasta conseguir una pasta espesa y entonces añade el agua, poco a poco, mientras remueves para integrarla.

- Tritura una vez más y reserva en un recipiente cerrado en la nevera hasta el momento de servir, para que esté fresquito.

- Corta el pan en rebanadas pequeñas y reserva; puedes tostarlo si te gusta más.

- Sirve el noqueso cremoso en un cuenco y decóralo con un poco de orégano y un chorrito de aceite.

- Coloca el pan alrededor, coge un cuchillo con punta redonda ¡y a untar se ha dicho!

Variaciones

* Con almendras o nueces de macadamia o de Brasil también se puede elaborar.

* Le puedes dar un toque especial con un aceite aromatizado, por ejemplo, con trufa, con albahaca o con guindilla.

Consejos

* Si quieres acelerar el hidratado de los anacardos puedes usar agua muy caliente, pero asegúrate de que el centro está muy blando o te quedarán grumos en el cremoso.

FINGERS DE TOFU CON KÉTCHUP CASERO

Para 15 unidades

⧖ Tiempo aprox. 45 minutos

☼ ✳ ✳ 🌾

Ingredientes para el kétchup

40 g de tomate concentrado

25 ml de agua mineral

15 ml de sirope de agave

Ingredientes para la mezcla 1 – Enharinado

50 g de harina blanca

una pizca de sal

una pizca de pimienta negra

½ cucharadita de ajo en polvo

1 cucharada de perejil seco

Ingredientes para la mezcla 2 – No huevo

15 g de semillas de lino trituradas

150 ml de agua mineral

Ingredientes para la mezcla 3 – Rebozado

50 g de panko

200 g de tofu blanco

una buena base de aove

Preparando esta receta me di cuenta de la cantidad de tiempo que hacía que no freía nada. Tengo esta técnica tan desterrada que fue como descubrirla de nuevo. Aunque se use un buen aceite y luego se escurra bien, no es una elaboración de la que abusar. Por eso esta es la única receta frita (y rebozada) que encontrarás en el libro, ¡pero vaya una! La sorpresa de tus invitados al verla en la mesa la tienes asegurada, pero es que, cuando la prueben, te van a pedir la receta al instante.

Elaboración

- Prepara el kétchup mezclando los 3 ingredientes hasta que obtengas una salsa densa y fluida. Consérvala en la nevera hasta el momento de servir.

- En un cuenco tamiza la harina y agrega todos los condimentos; remueve y reserva.

- Prepara el no huevo batido: mezcla las semillas de lino trituradas con el agua hasta que se forme una especie de gelatina que recuerde a la textura del huevo.

- Deja preparado el panko para rebozar antes de freír y corta el tofu en bastones.

- Pasa los bastones de tofu por la mezcla 1, seguidamente por la 2 y finalmente por la 3.

- Fríe por los cuatro lados en una sartén a fuego medio con una buena cantidad de aceite hasta que queden doraditos y pásalos a un plato con papel absorbente.

- Sirve el kétchup en un cuenco y los fingers en otro para ir untando y disfruta de este picoteo tan caprichoso y ¡libre de sufrimiento animal!

Consejos

* Es una receta ideal para consumir recién hecha; conforme va pasando el tiempo, el crujiente se va ablandando y la experiencia no es la misma.

* Deja enfriar el aceite sobrante y llévalo a reciclar en un tarro de cristal cerrado.

Variaciones

* Si quieres darle más sabor a los fingers, puedes comprar tofu ahumado o preparar tu propio tofu marinado como te enseño en este tutorial: *bit.ly/tofumarinado*

* Reduce la cantidad de sirope de agave en el kétchup si quieres más intensidad.

TORTILLA DE CALABACÍN

Descubrir la harina de garbanzo supuso un antes y un después en mi alimentación. Dejé de consumir huevos sin renunciar a las tortillas, que era básicamente lo que me impedía dar el paso definitivo hacia una alimentación cien por cien vegetal. Pero, si eso fuera poco, el nivel subió cuando llegó a mi vida la sal kala namak, ¡ahora sí que estaba preparada para conquistar aquellos estómagos enamorados del sabor a huevo!

Para 8 porciones

⧖ Tiempo aprox. 30 minutos

✺ ✸ ✳ 🌿

Ingredientes para la base

1 calabacín

1 patata

1 cebolla

1 diente de ajo

una base de aove

una pizca de sal

Ingredientes para el NO huevo

50 g de harina de garbanzos

1 cucharada perejil seco

1 cucharadita de cúrcuma en polvo

una pizca de pimienta negra

½ cucharadita de kala namak

una pizca de sal

170 ml de agua mineral

Ingredientes para el emplatado

8 rebanadas de pan de pueblo

2 tomates maduros para untar

Elaboración

- Pela el calabacín y córtalo por la mitad en vertical y de nuevo en medias lunas finas. Pela y corta la patata por la mitad y en medias lunas finas. Pela y corta la cebolla en juliana fina o en daditos pequeños; pela y corta el diente de ajo muy finito.

- Calienta una sartén con aceite a fuego medio, añade la cebolla y cocínala con la tapa puesta. Agrega el calabacín y la patata y tapa para mantener el calor y que no salte el aceite.

- Prepara el no huevo: tamiza en un cuenco la harina, agrega los condimentos y mezcla bien con la ayuda de una varilla.

- Retira el aceite sobrante de las verduras cuando estén bien cocidas, pásalas a la mezcla líquida y remueve.

- En la misma sartén ya sin aceite y con el fuego medio-alto, introduce el preparado para la tortilla. Cocina durante 5 minutos y baja el fuego para que no se queme. Mueve la sartén para asegurarte de que no se pegue y comprobar que se compacta. Dale la vuelta con la ayuda de un plato grande plano y cocina por el otro lado.

- Deja reposar unos minutos mientras tuestas el pan y lo untas con tomate. Corta la tortilla en porciones triangulares y colócalas encima del pan.

Consejos

* La sal kala namak aporta el sabor a huevo. Suele venir en pequeñas piedras: tritúralas hasta obtener un polvo fino y así se integrará mejor con el resto de ingredientes.

* La patata ayuda a que la tortilla tenga más cuerpo, pero puedes omitirla.

Variaciones

* Cambia las verduras por las que más te gusten. Mi madre prepara una con alcachofa y berenjena, y mi suegra otra con pimiento rojo, ¡buenísimas las dos!

* Puedes añadirle un huevo de lino (15 g de semillas de lino trituradas y 30 ml de agua mineral templada) para darle mayor jugosidad.

PINCHOS CON CAMA DE PATATAS ESPECIADAS

Para 6 unidades

⧖ Tiempo aprox. 1 hora 30 minutos

☀ ✱ ❄ 🌿

Ingredientes para los pinchos

100 g de filetes de soja texturizada

200 ml de caldo de cebolla

1 cucharada de orégano seco

1/2 cucharadita de ajo en polvo

1/2 cucharadita de pimienta negra

1 cucharadita de sal

1 cucharadita de pimentón dulce

30 ml de aove

Ingredientes para las patatas

2 patatas grandes

1 cucharadita de orégano seco

1 cucharadita de tomillo seco

1 cucharadita de perejil seco

½ cucharadita de ajo en polvo

una pizca de pimienta negra

una pizca de sal

un chorrito de aove

La de años que llevo preparando esta receta y todavía no la había publicado por ningún lado. Una vez subí una foto parecida a Instagram y las lechus enloquecieron pidiéndome la receta. Prometí compartirla, pero fueron pasando los días, las semanas, los meses... hasta que por fin ha llegado el día, ¡aquí la tienes! ¡Más vale tarde que nunca! Vas a alucinar con la textura y el sabor que tienen estos pinchos, ¡son una verdadera delicia! Y las vacas y los cerdos, tranquilitos en sus campos (ojalá).

Elaboración

- Hidrata los filetes de soja en el caldo de cebolla con todos los condimentos y el aceite durante 30 minutos como mínimo, hasta que hayan absorbido el líquido y estén blandos.

- Precalienta el horno a 150 °C con calor por arriba y por abajo.

- Mientras, pela las patatas y córtalas por la mitad y en medias lunas, colócalas en un cuenco, agrega los condimentos y el aceite, y mezcla.

- Prepara la bandeja de horno con papel antiadherente, repártelas para que no se solapen y hornéalas en el centro del horno durante unos 15-20 minutos hasta que estén hechas por dentro y doraditas por fuera.

- Monta los pinchos con unos palillos largos de madera.

- Calienta una parrilla sin aceite a fuego medio y coloca los pinchos. Cocínalos vuelta y vuelta hasta que estén tostaditos.

- Emplata las patatas en la base del plato y coloca los pinchos encima.

- ¡Disfruta del sabor de estos pinchos beneficiosos para todos!

Variaciones

- * Cada vez aparecen más alternativas a la carne animal. Prueba cambiando los filetes de soja texturizada por filetes de alubias o incluso los recién llegados texturizados de guisante.

Consejos

* Cuanto más tiempo estén los filetes en el marinado, más sabor tendrán. Si preparas la receta con antelación, te recomiendo que los tengas 24 horas en la nevera.

* Mejor prepara las patatas en el último momento, para que estén recién horneadas.

PASTELITOS DE CALABAZA Y ACEITUNAS NEGRAS

Para 6 unidades

⏳ Tiempo aprox. 1 hora

Ingredientes

100 g de calabaza pelada y sin pepitas

una pizca de sal

una pizca de pimienta

1 cucharada de orégano seco

150 ml de caldo de verduras (página 182)

15 ml de aove

200 g de harina de trigo

5 g de levadura en polvo

5 g de bicarbonato

12 aceitunas negras kalamata

¿Quién dijo que la textura esponjosa es exclusiva de las recetas dulces? Como habrás notado, soy mega fan de todo lo bizcochado, así que me las ingenié para crear una versión salada. Esta receta que te propongo ha sido degustada por varios amigos y a todos les ha encantado. De hecho, recuerdo en una ocasión que me soltaron un comentario tipo «vaya, hoy no traes pastelitos salados...» ¡No son listos ni nada! Espero que a ti te gusten tanto como a ellos.

Elaboración

- Corta la calabaza en dados pequeños y cuécelos en una olla con agua hasta que estén blandos. Escurre el agua, deja enfriar la calabaza, condimenta con sal, pimienta y orégano. Agrega el caldo de verduras y el aceite y mezcla bien.

- Retira el hueso de las aceitunas y corta la carne en trozos pequeños.

- Precalienta el horno a 200 °C con calor por arriba y por abajo.

- En un cuenco tamiza la harina, la levadura y el bicarbonato; remueve e introduce la mezcla sólida en la líquida poco a poco y removiendo con una varilla.

- Finalmente, incorpora los trozos de aceituna y mezcla para integrarlos en la masa.

- Engrasa los moldes con un poquito de aceite y reparte la misma cantidad en cada molde con una cuchara de helado.

- Hornea durante 30-40 minutos hasta que, al pinchar con un palillo, este salga limpio y los pastelitos estén doraditos por fuera. Déjalos enfriar antes de desmoldarlos.

- Guárdalos en un recipiente cerrado a temperatura ambiente o en la nevera si hace mucho calor. Se pueden congelar y puedes darles un toque de horno antes de comer.

Variaciones

* Cambia la calabaza por calabacín o incluso por boniato.

* Sustituye las aceitunas por pasas si le quieres dar un punto dulce.

Consejos

* Al contener un ingrediente muy húmedo, se reblandecen antes, así que lo ideal es consumirlos en un máximo de dos días.

* Córtalos por la mitad y úntalos con noqueso cremoso (página 158), ¡te encantarán!

BOLITAS DE NOQUESO CON SÉSAMO

Para 10 unidades

⧖ Tiempo aprox. 1 hora

Ingredientes para la bebida de almendras y fibra

150 g de almendras crudas peladas

500 ml de agua mineral

Ingredientes para las bolitas

20 g de levadura nutricional

una pizca de sal

1 cucharadita de zumo de limón

20 ml de bebida de almendras

Ingredientes para el rebozado

1 cucharada de semillas de sésamo

1 cucharada de semillas de sésamo negro

Esta receta quizá no te lo parezca, pero es muy versátil. A mí me gusta como aperitivo para ir abriendo boca acompañada de un kombucha; como acompañamiento en un plato combinado de esos que incluyen ensalada variada, legumbres guisadas y cereales salteados; para una cena sana de picoteo; o para deshacerlas en una sopita de verduras y darle más consistencia. Vamos, así resumiendo, me encajan en todas las comidas. ¡Ya me dirás cuál es tu momento favorito!

Elaboración

- Hidrata las almendras durante unas 8 horas hasta que estén blandas.
- Prepara bebida de almendras como verás en la página 184.
- Reserva la fibra para preparar las bolitas y bébete un vasito de leche a la salud de las lechus.
- Pasa la fibra a un cuenco grande y agrega los condimentos, amasa bien hasta que queden todos integrados.
- Forma las bolitas y rebózalas en las semillas de sésamo.
- Guárdalas en la nevera un par de horas para que se endurezcan y queden firmes.
- Se pueden congelar perfectamente.

Consejos

* Prepara las bolitas con unos 20 g de masa o incluso menos, ya que llenan un montón, ¡son pura fibra!
* Si las quieres más cremosas, añade poco a poco más bebida de almendras.

Variaciones

* Con nueces de macadamia salen muy bien.
* Prueba a rebozarlas con otras semillas, por ejemplo, de cáñamo, para un extra de proteínas, aunque no quedarán tan vistosas.

TOSTADAS CON ESCALIVADA

La cocina tradicional catalana nos ofrece muchas elaboraciones originalmente vegetales, es decir, que no necesitan ser adaptadas. Los calçots (página 110) son un ejemplo y otro son estas verduras asadas, cada primavera cae alguna de estas. Además, quizá te habrás dado cuenta de que, junto a la parrillada de verduras, es uno de los platos a los que más recurrimos en restaurantes sin apenas opciones veganas. Comparto con especial ilusión esta receta contigo ya que es un plato sencillo, pero lleno de sabor, de esos que sacan a relucir el valor de un vegetal de calidad.

Para 4 unidades

⧗ Tiempo aprox. 2 horas

Ingredientes

2 pimientos rojos

1 berenjena grande

2 cebollas

4 rebanadas de pan de pueblo

1 diente de ajo

1 tomate para untar

un chorrito de aove

una pizca de sal

Elaboración

- Precalienta el horno a 180 ºC con calor por arriba y por abajo.

- Coloca las verduras sin pelar en una fuente y hornéalas dándoles la vuelta cada 15 minutos para que la piel se ase igual por todos los lados. Este proceso suele durar unos 45 minutos.

- Cuando la piel esté prácticamente quemada y las verduras cocidas por dentro, retíralas del horno y rápidamente ponlas dentro de un cuenco tapado con un plato, para que no se escape el vapor. Eso hará que suden y que la piel sea más fácil de pelar.

- Déjalas unos 30 minutos y luego, con cuidado de no quemarte, pélalas.

- Una vez que tengas las verduras peladas y a temperatura ambiente, córtalas en tiras gruesas y emplata en tres montones.

- Tuesta el pan, friega el diente de ajo por arriba, seguidamente unta el tomate y un chorrito de aceite.

- Ya lo tienes todo listo para montar tu tostada, ¡disfrútala!

Consejos

* Hay quien prefiere comer la escalivada fresquita de la nevera. En ese caso, guárdala después de cortarla en un recipiente de cristal cerrado y sácala justo antes de servirla.

* Ojo con el diente de ajo crudo, aunque comer ajo crudo es un hábito muy saludable, sabemos que su olor es un tanto puñetero.

Variaciones

* Te podría decir que cambies el pan o las verduras a tu gusto... pero ya no sería una tostada con escalivada... A veces las tradiciones hay que respetarlas.

HUMMUS

Para cerrar por todo lo alto este apartado, no podían faltar los hummus, mis patés favoritos del mundo mundial. Cuando empecé la transición al veganismo, abusé tanto del hummus tradicional que llegó un punto en el que dejó de apetecerme. Poco a poco lo volví a introducir dándole una vuelta a los ingredientes y me quedé con estas tres versiones diferentes, deliciosas e inéditas. Con ellas quiero animarte a recuperar los hummus caseros, que ya está bien de comprarlos en los supermercados... ¡No hay color, (ni sabor) que se pueda comparar!

HUMMUS DE ALUBIAS Y ZANAHORIA

Para 1 cuenco

⏳ Tiempo aprox. 15 minutos

Ingredientes

100 g de zanahoria pelada y
   hervida

250 g de alubias blancas
   cocidas + para decorar

½ cucharadita de cúrcuma
   en polvo

una pizca de pimienta
   negra

una pizca de sal

1 cucharada colmada de
   tahini

2 cucharadas de zumo de
   limón

4 cucharadas de aove +
   para decorar

hojas de perejil fresco para
   decorar

HUMMUS DE GUISANTES Y MENTA

Un paté refrescante como pocos, perfecto para los días de calor. Te recomiendo que lo sirvas fresquito, tras un día de reposo en la nevera, con palitos de pimiento rojo, bien crujientes. ¡Un lujo al alcance!

Para 1 cuenco

⏳ **Tiempo aprox. 15 minutos**

Ingredientes

250 g de guisantes cocidos + para decorar

50 hojas de menta fresca + para decorar

una pizca de jengibre en polvo

una pizca de sal

1 cucharada colmada de tahini

3 cucharadas zumo de limón

2 cucharadas de aove + para decorar

HUMMUS DE GARBANZOS Y TOMATES SECOS

Para 1 cuenco

⏳ Tiempo aprox. 15 minutos

Ingredientes

40 g de tomates secos hidratados

250 g de garbanzos cocidos + para decorar

una pizca de ajo en polvo

1 cucharadita de pimentón dulce + para decorar

una pizca de sal

1 cucharada colmada de tahini

1 cucharada de zumo de limón

2 cucharadas de aove + para decorar

200 ml de agua del hidratado de los tomates

una pizca de orégano seco para decorar

Este untable me recuerda los atardeceres de otoño, lo que hace que me invada una gran sensación de bienestar. Supongo que es por el color rojizo del paté que le aportan los tomates secos. Lo acompaño siempre con bastones de zanahoria cruda y ¡a disfrutar!

Elaboración

- Tritura todos los ingredientes en una batidora o procesador de alimentos hasta obtener una crema espesa y uniforme, sin grumos.

- Guárdalo en un recipiente cerrado en la nevera y consúmelo en los siguientes 5 días como máximo.

- Se puede congelar sin perder textura ni sabor durante un máximo de 6 meses.

- Disfrútalos con crudités de verduras (calabacín, pimiento rojo, zanahoria, apio…) o con unos crackers como los de semillas (página 156).

Consejos

Si vas a cocer las legumbres secas en casa, no olvides lo siguiente para evitar flatulencias:

* Remójalas durante unas 8 horas cambiando el agua una vez si puedes y con una cucharadita de bicarbonato de sodio hasta que estén bien hidratadas.

* Cuécelas a fuego medio sin sal, ya que esta endurece la piel, con una cucharadita de comino o de hinojo y con unas hojas de laurel o un trozo de alga wakame.

* Espanta las legumbres una vez durante la cocción, eso significa apagar el fuego para que deje de hervir durante unos minutos y cambiar el agua o, si lo prefieres y te hace falta, añade agua templada extra.

* Otro punto importante es masticar muy bien. En este caso, al estar trituradas, se digieren mejor.

* Poco a poco y si no tienes ningún problema digestivo, el cuerpo se va acostumbrando a la ingesta de fibra vegetal, como en este caso las legumbres.

Variaciones

* Ya ves que son unas recetas muy versátiles, puedes jugar con todos los ingredientes a tu gusto. Incluso prueba a cambiar el tahini por una crema de frutos secos o por medio aguacate maduro.

Recetas

BE
BI
DAS

MOSTO DE UVA

Siempre que voy a Isona, echo un ojo a la parra que ocupa dos largas paredes del patio de casa. Tanto la iaia Sara como mi padre se encargan de protegerla y cuidarla para que dé buenos frutos; yo solo tengo ojos para esos racimos que van creciendo y cambiando de color. En verano ya me parece estar saboreándolos... Esta receta es en recuerdo del iaio Jordi, que siempre me pillaba robando un grano de uva y me decía: «Está verde todavía, no te gustará», y tenía toooda la razón.

Para 1 litro

⏳ Tiempo aprox. 15 minutos

🌱

Ingredientes

1,5 kg de uva blanca fresca

Elaboración

- Lava las uvas y pásalas a la batidora.

- Tritura sin añadir agua hasta que no queden grumos.

- Filtra con una bolsa de algodón o con un colador de agujeros muy pequeños.

- Consérvalo en la nevera en una botella de cristal y sírvelo fresquito.

Consejos

* Para alargar un poco su vida, añade unas gotas de zumo de limón, pero consúmelo cuanto antes ya que, al ser tan natural, tiende a picarse pronto.

* Usa una botella de tamaño adecuado para que no quede apenas oxígeno y se conserve más tiempo.

Variaciones

* Prueba con otra variedad de uva para obtener un sabor y color distinto, con la uva roja queda una tonalidad muy bonita.

* Si quieres aprovechar la pulpa, tendrás que pelar y deshuesar cada grano, uno a uno, y triturar sin necesidad de filtrar.

ZUMO DE TOMATE

Un día estaba comprando fruta y verdura ecológica a granel y vi unos tomates preciosos. Decidí regalárselos a mi hermana ya que los adora; no conozco a nadie al que le gusten tanto, sobre todo los «tomatitos» cherry, como los llamamos nosotras. Más tarde, mi madre, que no sabía nada, tuvo la misma idea. ¿El resultado? La cocina llena de tomates y mi hermana preocupada por que no se pusieran malos. Tuve que darles salida pronto, así que preparé esta receta para toda la familia. ¡Salud!

Para 1 litro

⏳ Tiempo aprox. 10 minutos

Ingredientes

8 tomates rojos

un chorrito de aove

½ cucharadita de ajo en polvo

una pizca de pimienta negra

una pizca de sal

una pizca de orégano seco

Elaboración

- Corta los tomates rojos en cuatro porciones y pásalos a la batidora.

- Tritura hasta que no queden grumos y condimenta con el aceite, el ajo, la pimienta y la sal.

- Mezcla y conserva en la nevera, en una botella bien cerrada.

- Justo antes de servir, agrega un poquito de orégano seco por encima.

Consejos

* Usa tomates maduros para asegurarte una bebida ligeramente dulce de forma natural.

* Añade un poco de agua si quieres que te quede más líquido.

* Como de costumbre, puedes añadir un chorrito de limón para alargar un poco la vida de la bebida pero, al ser tan fresca, lo ideal es consumirla al momento o como máximo el día después.

Variaciones

* Mi versión favorita es con los tomates tipo pera o los redondos, los de toda la vida, pero con unos tomates azules o kumato queda un color muy característico.

* Si tu batidora no es potente y te quedan grumos, puedes filtrar el resultado con un colador o un pasapurés, para que la textura sea más suave y homogénea.

CALDO DE VERDURAS

Este básico de la cocina no podía faltar, siempre va bien tenerlo a mano, totalmente personalizable y muy versátil. Yo, además de hacer cremas y sopas, lo uso para cocer cereales, ya que absorben el sabor y quedan más gustosos. También recurro a él cuando elaboro salsas para guisos y estofados, de esas que te piden mojar pan. Pero la mejor función es la de calentar el cuerpo cuando tenemos frío y nos tomamos una tacita en el sofá.

Para 1,5 litros

⌛ Tiempo aprox. 3 horas

Ingredientes

2 litros de agua mineral

3 zanahorias

1 puerro grande

¼ de col

1 nabo

1 chirivía

1 rama de apio

una pizca de sal

un chorrito de aove

un chorrito de tamari

Elaboración

- Lleva a ebullición el agua mientras lavas bien las verduras y las cortas en dos o tres porciones grandes.

- Cuando el agua empiece a hervir, agrega las zanahorias, el puerro, el cuarto de col, el nabo, la chirivía y la rama de apio.

- Incorpora la pizca de sal y el chorrito de aceite, remueve y tapa para cocinar a fuego medio-bajo.

- Deja que las verduras se vayan pochando y soltando su propio jugo, lo que dará sabor al caldo, durante 2 o 3 horas. Cuanto más tiempo pase, más concentrado estará el sabor, ya que el agua se va evaporando.

- Apaga el fuego y retira las verduras, que se pueden consumir, por ejemplo, en un salteado con legumbres, tofu, etc.

- Añade un chorrito de tamari al caldo para darle fondo y un toque de color.

- Ya lo tendrás listo para consumir al momento o guardarlo en la nevera y usarlo en diferentes recetas.

Consejos

* Guárdalo en la nevera en una botella de cristal bien cerrada y consúmelo en un máximo de tres días.

* La cocina a fuego lento hace magia con los ingredientes, ten paciencia y notarás la diferencia.

Variaciones

* Para un punto picante, añade una pizca de pimienta negra o de jengibre, pero no te pases, ya que la cocción lenta intensifica mucho el sabor.

* Sobra decir que puedes cambiar las verduras a tu gusto, según la temporada y el sabor que te apetezca. Te recomiendo cambiar el nabo y la chirivía por tomate y remolacha.

LECHE MERENGADA

Cuando empecé a elaborar bebidas vegetales caseras, la de almendras fue la primera. Tuve mis dudas, ya que hasta entonces las había probado compradas y no me habían gustado (además, son puro azúcar y el porcentaje de almendra que llevan es insignificante). Por eso, cuando probé la mía, ¡aluciné! No tienen nada que ver, ni el sabor ni la textura ni por supuesto las propiedades nutricionales. Y si encima le añadimos un saborcito rico, mejor no te lo cuento... ¡Sigue leyendo!

Para 1 litro

⧖ Tiempo aprox. 20 minutos

☼ ❋ ❋ 🌱

Ingredientes

175 g de almendras crudas

750 ml de agua mineral

½ cucharadita de canela en polvo

20 ml de zumo de limón

una pizca de sal

25 ml de sirope de agave (opcional)

Elaboración

- Hidrata las almendras durante unas 8 horas o hasta que estén blandas por dentro.

- Para acelerar la hidratación, puedes remojarlas en agua muy caliente; si repites este proceso un par de veces, en un máximo de 2 horas las tendrás listas.

- Descarta el agua de remojo y tritúralas con agua mineral hasta que no queden grumos.

- Filtra con una bolsa de algodón y reserva la fibra en la nevera para elaborar las galletitas de la página 142.

- Condimenta con la canela, el zumo de limón, la pizca de sal, y mezcla con la ayuda de una varilla para que no queden grumos.

- Agrega el sirope de agave si tu paladar busca ese punto de dulzor extra, aunque te recomiendo que primero la pruebes sin él. ¡Te sorprenderá!

- Conserva la bebida en una botella de cristal en la nevera y consúmela en los siguientes 2 días, como máximo 3.

- Ten en cuenta que los líquidos tienden a espesar en la nevera, puedes rectificar antes de servir añadiendo un poquito de agua.

Consejos

* El hidratado rápido es para una ocasión puntual ya que el resultado no será el mismo: la bebida tendrá un sabor a almendra más suave.

* No te preocupes si la bebida se separa, es completamente normal ya que es cien por cien natural, simplemente mezcla bien antes de servir.

MI MATCHA LATTE FAVORITO

Me encantan las infusiones con hierbas, con rooibos, con té..., pero con este último tengo que vigilar, ya que soy muy sensible a la cafeína, te explicaría historias para no dormir (literal) con las que te estarías riendo dos días. Hasta que descubrí el té matcha; al poco tiempo de tomarlo, noté la diferencia, esta bebida me ayuda a activarme por las mañanas, pero, lo más importante para mí, no me altera ni me crea esa sensación de nerviosismo.

Para 2 tazas

⧗ Tiempo aprox. 20 minutos

Ingredientes

600 ml de bebida de arroz y coco

1 cucharadita de té matcha

1 cucharadita de vainilla en polvo

½ cucharadita de anís estrellado en polvo

una pizca de sal

Elaboración

- Calienta en un cazo a fuego medio la bebida vegetal sin que llegue a hervir.

- Incorpora el té, la vainilla, el anís y la sal, remueve con la ayuda de una varilla para deshacer los posibles grumos que se formen al mezclar.

- Baja a fuego lento y deja infusionar como mínimo 10 minutos para que las especias se hidraten y liberen sus aromas. Cuanto más rato infusiones la bebida, más sabor tendrá, incluso te recomiendo que la prepares de un día para otro.

- Antes de pasar a la taza, puedes filtrar el té matcha si te molestan los restos no disueltos.

- Tómalo calentito. Mientras lo saboreas, no te dejes llevar por los pensamientos de todo lo que tienes que hacer en este día que justo empieza, ¡disfruta el momento!

Consejos

* Al utilizar bebida de arroz y coco como base, no es necesario añadir endulzante, ya que es una de las más dulces del mercado.

* Si usas, por ejemplo, bebida de soja, que es la menos dulce, quizá tengas que añadir un poco de dulzor.

Variaciones

* Prueba cambiando de bebida vegetal y verás la diferencia de sabor y textura.
* Puedes usar esta técnica o la que te propongo en la siguiente receta.

CÚRCUMA LATTE Y A DORMIR

Esta leche dorada me aporta mucha calma y relax; justo antes de acostarme, me ayuda a calentar el cuerpo y a descansar mejor. Además, la cúrcuma y el jengibre son dos potentes antiinflamatorios naturales que van ideal para los ovarios los días antes y durante la regla. Actualmente, al haber integrado estas raíces en mi día a día, apenas tomo fármacos y, por supuesto, llevar un estilo de vida activo, una alimentación saludable y una mente positiva también hacen la diferencia.

Para 2 tazas

⧗ Tiempo aprox. 10 minutos

☼ ❄ ❄ 🌱

Ingredientes

600 ml de bebida de avena natural

1 cucharadita de cúrcuma en polvo

una pizca de pimienta negra

1 cucharadita de jengibre en polvo

1 cucharadita de canela en polvo

una pizca de sal

1 cucharada de aceite de coco

Elaboración

- Calienta la bebida de avena en un cazo, a fuego medio-bajo sin que llegue a hervir.

- En las tazas prepara la mezcla de especias y remueve bien.

- Agrega la bebida caliente y mezcla con la ayuda de una cuchara.

- Deja enfriar unos minutos, mientras te pones el pijama, y disfruta de tu momento reflexivo al final de un largo día.

Consejos

* Lávate los dientes después para evitar que se tiña el esmalte.

* Esta técnica es más rápida que la anterior, pero no damos margen al infusionado, así que tendrá menos sabor.

Variaciones

* Juega con los colores naturales que nos da la tierra, por ejemplo, si te apetece un latte rosa, prueba con polvo de remolacha o de pétalos de rosa, ¡queda tan bonito!

* Si lo buscas rojo, prueba con arándano rojo en polvo o con flor de hibisco.

* Si quieres un latte azul, prueba con polvos de espirulina azul, de flor clitoria o de arándano azul.

ENERGÍA CHOCOLATEADA

¡Cuidado con esta receta! Estuve a punto de llamarla chocolate picante, por el doble sentido del adjetivo, ya que los ingredientes principales que lleva son afrodisíacos. Sí, sí, esos que animan el ambiente, que te ayudan con esa chispa que enciende la llama. ¿Mi momento perfecto para consumirla? De postre, con unas fresas frescas bien jugosas, a la luz de las velas, con un hilo musical de fondo... ¡y el resto es historia!

Para 2 tazas

⧗ Tiempo aprox. 15 minutos

Ingredientes

600 ml de bebida de soja natural

15 g de cacao puro en polvo

1 cucharadita de maca en polvo

½ cucharadita de cayena en polvo

15 g de azúcar de caña integral (opcional)

una pizca de sal

Elaboración

• Calienta la bebida de soja en un cazo sin que llegue a hervir.

• Agrega los condimentos mientras remueves con una varilla, para evitar que se formen grumos y que la preparación quede homogénea.

• Mide la cantidad de cayena según lo que te guste el picante; con la proporción que te propongo se nota lo justo en el regusto.

• Deja infusionar a fuego lento durante mínimo unos 15 minutos, para que se hidraten los ingredientes y así potencien su sabor repartiéndolo por la preparación.

• Sirve ¡y a disfrutar!

Consejos

* Vigila con la cayena, *a priori* puede parecer suave, pero engaña, ya que se intensifica al rato de infusionar, se acumula en el paladar y puede llegar a picar tanto que el resto de sabores no se notarán.

* Para que no queden grumos de azúcar, puedes triturarlo previamente.

Variaciones

* Si prefieres otra bebida vegetal, por ejemplo, de avena o arroz, no será necesario que añadas azúcar, ya que son bebidas muy dulces.

* Puedes cambiar las especias al gusto o añadir canela. Le quedará genial.

UN SUEÑO TROPICAL

Resulta que siempre que hago viajes largos voy a lugares donde hace frío, donde sopla fuerte el viento y tiende a llover. Mira que me visualizo en algún destino lejano, con calor agradable y cielos despejados, en el que, en lugar de curtírseme la cara, se me tuesta con el sol... ¡Pero por mucho que lo proyecto no llega el día! Así que un año decidí llevarme la batidora al camping de playa (mi paraíso de proximidad) donde vamos cada verano y creé este batido tan rico y cremoso. De este modo, la espera hasta que se cumpla mi deseo se lleva mucho mejor.

Para 2 vasos

⧗ Tiempo aprox. 15 minutos

☼ ✳ ❋ ⊛

Ingredientes

¼ de piña madura

1 mango maduro

250 ml de leche de coco +
60 %

150 ml de agua mineral
(opcional)

un chorrito de zumo de
limón

una pizca de sal

Elaboración

- Corta la porción de piña y pélala, retira el centro si tu batidora no es potente, ya que quedarían grumos desagradables.

- Corta el mango por ambos lados y con la ayuda de una cuchara separa la carne de la piel.

- Coloca en la base de la batidora la leche de coco, el agua y el chorrito de limón para rellenar la zona de las cuchillas y que así triture mejor.

- Agrega la piña y el mango cortados en porciones más o menos grandes.

- Finalmente espolvorea la pizca de sal por encima.

- Tritura hasta que no queden grumos y la textura sea cremosa y homogénea.

- Sírvelo fresquito y disfrútalo mientras sigues soñando despierta.

Consejos

* Aprovecha cuando nadie te vea para rebañar el hueso del mango, como si fuese una mazorca de maíz. Es un poco engorroso, pero es un momento delicioso.

* Es importante que la leche de coco contenga más del 60 % de coco y que tenga dos ingredientes: agua y coco.

Variaciones

* Si te apetece comerlo con cuchara, omite el agua y te quedará una crema de color amarillo brillante que te recordará a las natillas. Además, si espolvoreas un poco de azúcar integral de caña por encima y esperas a que se disuelva, ¡alucinarás!

* Cambia las frutas a tu gusto y tendrás un batido totalmente diferente. Por ejemplo, a mí me gusta mucho la mezcla de fresas con mango y leche de coco. Ya no será un sueño tropical, pero se parecerá a un petit-suisse.

EL BATIDO COMODÍN

Casi siempre llevo un batido preparado en la mochila, además de mi termo rosa con agua. Recurro a él después de entrenar, cuando voy de camino a casa, para evitar devorar cualquier cosa al entrar con esa hambre voraz que tengo. Otras veces lo tomo de postre, ese toque dulce encaja muy bien y me ayuda a completar la ingesta de proteínas. También es mi compañero en viajes y excursiones, incluso en restaurantes en los que no podré comer más que una ensalada y una parrillada de verduras.

Para 2 vasos

⏳ Tiempo aprox. 5 minutos

Ingredientes

1 plátano maduro

250 ml de bebida de soja natural

20 g de proteína de arroz en polvo (sabor vainilla)

1 cucharadita de cacao puro en polvo

Elaboración

- Pela el plátano y córtalo en rodajas.

- Agrega la bebida de soja y el plátano a la batidora.

- Tritura hasta que no queden grumos y entonces añade (a poder ser mientras sigues triturando) la proteína en polvo y el cacao en polvo, así evitas que se formen grumos.

- Guárdalo en un recipiente bien cerrado y consúmelo en un máximo de 24 horas.

Consejos

* Con el paso de las horas el batido tiende a espesar, lo puedes diluir de nuevo agregando un chorrito de agua o de bebida de soja, si la tienes a mano.

* Cuando haga calor, prepáralo frío de la nevera y guárdalo en un termo para que aguante todo el día y no se caliente.

Variaciones

* Cambia el plátano por un dátil medjool o dos dátiles sukkari para mantener el dulzor y el aporte energético.

* Hay muchas proteínas en polvo en el mercado, prueba y quédate con la que más te guste y, sobre todo, la que mejor te siente. Evita las que tienen edulcorantes artificiales.

* Agrega media cucharadita de canela en lugar de cacao.

MENÚS SEMANALES
VEGANOS

A continuación encontrarás dos menús semanales que he creado a partir de las recetas que contiene el libro, para darte ideas de cómo combinarlas a lo largo del día y de la semana.

Si quieres una pauta dietética personalizada y enfocada a tus necesidades, te recomiendo encarecidamente que acudas a un dietista-nutricionista especializado en alimentación cien por cien vegetal para que te guíe y acompañe en este proceso.

Menú de ejemplo 1	Lunes	Martes	Miércoles	Jueves	Viernes
Desayuno	Yogur con mermelada	Smoothie bowl con granola	Tostada con escalivada	Un sueño tropical	Crepes con chocolate y naranja
Comida	Torre de berenjena y tempeh	Calçots al horno con picada de pistachos	Hummus de alubias y zanahoria	El fricandó de la *iaia* Sara	Fingers de tofu con kétchup casero
Cena	Crema de coliflor	El potaje de la *iaia* Maite	Lechussoise	Noqueso cremoso a las finas hierbas	Crema de zanahoria y pimiento rojo

Menú de ejemplo 2	Lunes	Martes	Miércoles	Jueves	Viernes
Desayuno	Porridge goloso	Galletitas sin horno	Tortilla de calabacín	Natillas de chocolate	Bizcocho de limón
Comida	Gazpacho de remolacha	Tallarines a la boloñesa	Espinacas a la catalana con quinoa	Macarrones a la cebollarda	Shepherdess pie
Cena	Tofu a la italiana	Sopa reconfortante	Tomates rellenos de revoltillo	Hummus de garbanzos y tomates secos	Crackers de semillas con sobrasada

AGRADECIMIENTOS

A ti que me lees, querida lechu, por haber confiado en mi contenido y llevarme hasta aquí.

A la *iaia* Maite, por compartir cocina conmigo y sufrir mis primeros fracasos culinarios sin quejarse.

Al *iaio* Antonio, por probar todos mis «mejunjes» y ser el crítico gastronómico más sincero.

A la *iaia* Sara, por aceptar mis variaciones en sus recetas, aunque no le acaben de convencer.

A mi madre, por ser la animadora incansable número uno y, al mismo tiempo, la más sufridora.

A mi padre, por creer en mi propósito desde el minuto cero y ser el primero en apostar por él.

A mi hermana, por apoyarme en todo y quererme tanto, sobre todo en los momentos difíciles.

A Josep, por iluminar mi vida y las fotos del libro. Es un regalo compartir cada día contigo.

A mi xati Irene, por estar siempre cerca, independientemente de la distancia que nos separe.

A mis amigas y amigos, por seguir a mi lado a pesar de vernos menos de lo que me gustaría.

A Cal Palau, por hacerme sentir como en casa desde el primer día y mimarme tanto.

Al Lechuequipo, por ayudarme a hacer realidad las ideas alocadas que me rondan por la cabeza.

A Aneto, Ecomuesli y Finestra Sul Cielo, por el vínculo especial que nos une tanto a nivel laboral como personal, desde los inicios de *Veganeando*.

A Marta Martínez, por escribir un prólogo tan bonito, amiga y referente más allá del veganismo.

A Irene Pons, mi editora, por darme esta oportunidad y acompañarme con tanto cariño.

A todo el equipo que ha participado en la elaboración de este libro, por hacerlo posible.

A mí misma por haber cumplido este sueño que parecía inalcanzable.

Soy muy afortunada de teneros a todas y todos en mi vida. ¡GRACIAS!

ÍNDICE DE RECETAS

BEBIDAS   177

ÍNDICE DE INGREDIENTES